Eberhard Schockenhoff / Christiane Florin

Gewissen – eine Gebrauchsanweisung

Eberhard Schockenhoff
Christiane Florin

Gewissen – eine Gebrauchsanweisung

HERDER

FREIBURG · BASEL · WIEN

www.herder.de

Satz: Barbara Herrmann, Freiburg
Herstellung: fgb · freiburger graphische betriebe
www.fgb.de

Gedruckt auf umweltfreundlichem, chlorfrei gebleichtem Papier
Printed in Germany

ISBN 978-3-451-30118-6

Inhalt

Vorwort –
Das gewisse Etwas

„Das musst du für dich entscheiden" – dieser Satz ist für viele eher Bedrohung als Verheißung. Der von Konventionen und Monopolen entfesselte Mensch hat die Wahl zwischen dreißig Stromtarifen und noch mehr Lebensmodellen. Wir haben ein Höchstmaß an Handlungsfreiheit, fast nichts muss lebenslänglich halten – nicht die Beziehung, nicht die Berufswahl, schon gar nicht das Zeitungsabonnement. Bastelbiografie, Patchwork – die Worte klingen spielerisch, die Wirklichkeit, die sie beschreiben, ist anstrengend. Es gibt nichts objektiv Richtiges mehr. Die traditionellen moralischen Instanzen – die Kirchen ebenso wie Günter Grass – haben ihren Einfluss auf unser Leben verloren. Die Sehnsucht nach Orientierung bedienen Ratgeberautoren und Coaches, nicht mehr Institutionen oder institutionalisierte Mahner. Die Titel zum korrekten Gebären, Erziehen, Streiten, Sterben, Vererben füllen ganze Abteilungen in den Kulturkaufhäusern.

„Sie haben die freie Auswahl!" Der alte Losverkäufer-Lockruf hat alle Bereiche des Lebens erobert, den Konsum, aber auch das Glauben, Lieben, Hoffen. Gestern Buddhismus, heute Kabbala, morgen Jakobsweg. Vor einer Minute RTL, jetzt ARD, gleich D-Max. Leben nach dem Zapping-Prinzip. Man bleibt bei irgendeinem der hundert Kanäle hängen, schaut kurz hin, drückt die Pfeiltaste der Fernbedienung, wieder und wieder, bis irgendwann der Schlaf das Programm festlegt. Am Morgen danach ist nicht mehr klar, ob gestern der Gerichtsmediziner ein Mordopfer obduzierte oder ein Bauer die Frau fürs Leben suchte. Von 100 Programmen auf Null Erinnerung in wenigen Stunden.

Wir ahnen, dass die wirklich freie Wahl darin bestanden hätte, eine Sendung einzuschalten, dieser eine echte Chance zu geben und sie zu Ende zu sehen – oder eben das Fernsehen ganz zu lassen. Die Marktforschung hat ähnliche Erkenntnisse über die Gratwanderung zwischen inspirierender und abschreckender Vielfalt: Kunden, die zwischen sechs Marmeladensorten wählen können, greifen eher zu als diejenigen, die sich mit 24 Variationen konfrontiert sehen. Freiheit – das große Wort bekommt einen schalen Beigeschmack, wenn es sich in der alltäglichen Qual der Wahl abnutzt.

„Die Freiheit nehm' ich mir", ließ ein Kreditkartenhersteller einst seine kauflustigen Werbeträger trällern. „Die Freiheit nehm' ich dir", wäre oft das ehrliche Versprechen. Die Handlungsoptionen – kaufe ich nun die Marmelade Kirsch-Chili oder den Fruchtaufstrich Kiwi-Bio-Banane? – nehmen in allen Lebensbereichen zu, mit dem Überangebot steigt jedoch auch das Gefühl der Überforderung. Drei Viertel der Deutschen geben in Umfragen an, sie seien irgendwie gestresst, vom Job, von der Beziehung, von den Medien, von allem zusammen. Unter Druck stehen der Arzt wie der Arbeitslose, der Manager wie die Mutter.

Die Lust, frei entscheiden zu dürfen, wird von der Angst getrübt, Fehler zu machen. Der medial rundum erregte Bürger weiß, dass jede Fehlentscheidung in den sozialen Abgrund führen kann: das falsche Baby-Förderprogramm und die Kleine schafft es nicht aufs Gymnasium, die falsche Jeansmarke und die Freunde verabschieden sich, das falsche Wohnviertel und der Kredit bleibt aus. Die perfekte Mutter, der perfekte Liebhaber, der perfekte Key-Account-Manager – das ist der Maßstab für das marktgängige Individuum. Das Leben wird zur permanenten Casting-Show mit einer unerbittlichen Heidi-Klum-Dieter-Bohlen-Jury.

Wer sich an diesen Ansprüchen misst, kann nur scheitern. Um Entscheidungen auf ein menschliches Maß zurückzuführen, um uns vom Optimierungszwang zu erlösen, bedarf es eines anderen Ratgebers. Er befreit von der Vorstellung, perfekt sein zu müssen. Gut genügt ihm schon. Besonders praktisch: Dieser entscheidende Helfer gehört zur menschlichen Grundausstattung, er ist unabhängig von Kultur, Bildung und Kontostand. Das Unpraktische: Er kommt nicht immer so schnell zum Ergebnis wie das Top-Model, er formuliert nicht ganz so griffig wie der Pop-Titan. Sein Name: Gewissen.

Es gibt die gewissenhafte bayerische G-8-Abiturientin und den gewissenlosen Big-Boss, im Bundestag stehen gelegentlich Gewissensentscheidungen an, ethische Aktienfonds werben mit dem guten Gewissen, das für die geringere Rendite oder den höheren Preis entschädigt. Wir vergewissern uns vor dem Kauf, ob die Gartenmöbel auch tatsächlich aus zertifiziertem Anbau stammen. Solche Wendungen zeigen: Das Gewissen ist allgegenwärtig und gerade deshalb verschlissen. Der lebenspraktische Gebrauch trage seit langem die Spuren theoretischer Vernachlässigung, moniert der Theologe und Philosoph Ludger Honnefelder in seiner Schrift „Was soll ich tun, wer will ich sein?“

Wir wollen im Folgenden den „lebenspraktischen Gebrauch“ des Gewissens ins Zentrum stellen, und zugleich die inflationäre Verwendung auf jene Bereiche eingrenzen, für die sich die Mühe lohnt.

Was also ist das Gewissen? Hirnforscher haben es bisher nicht gefunden, es ist kein Organ, das auf Monitoren festumrissene Konturen zeigt. Vielen Naturwissenschaftlern ist es deshalb als philosophisches oder theologisches Konstrukt verdächtig. Lange schien es so, als habe die Natur keine Moral vorgesehen. Doch seit einigen Jahren regt sich Widerspruch. Der niederländische Primatenforscher Frans de Waal etwa vertritt in seiner Streitschrift „Primaten und Philosophen“ die herausfordernde These, moralische Verhaltensweisen wie Mitleid und Empathie zeigten schon unsere

Vorfahren, die Affen. „Moralisches Problemlösen" sei sehr wohl mit bildgebenden Verfahren darstellbar, eine Vielzahl von Hirnregionen seien messbar aktiv, wenn wir moralisch gefordert sind. Andere Forscher sprechen von einem „Moralnetzwerk im Kopf".

Der amerikanische Psychologe Marc Hauser stellte vor einigen Jahren Gewissenstests ins Internet. Er wollte herausfinden, wie sich Menschen aus allen Kulturkreisen, Altersgruppen und gesellschaftlichen Schichten in moralischen Dilemmata entscheiden. Die Probanden sollten sich in folgende Situation hineinversetzen: Sie stehen neben einem Bahngleis an einer Weiche. Ein außer Kontrolle geratener Waggon rast auf fünf Eisenbahnarbeiter zu. Auf einem Seitengleis steht ein einziger Mann. Bleibt die Weiche unverändert, wird der Waggon die fünf Arbeiter töten. Legen die Testpersonen den Hebel um, werden die fünf gerettet, der Mann am Seitengleis stirbt. Die überwältigende Mehrheit in allen Ländern, Alters- und Berufsgruppen entschied sich dafür, die Weiche umzulegen. Rund neun von zehn Teilnehmern nahmen den Tod des einen Mannes hin, um das Leben von fünf Menschen zu retten. Marc Hauser deutete diese Ergebnisse als Beweis für den angeborenen „Moralinstinkt" des Menschen.

Nach Meinung von Philosophen und Theologen machen uns allerdings Instinkt und Intuition noch nicht zum gewissenhaften Menschen. Ein nachvollziehbarer Einwand: Wir nehmen, auch ohne Hirnscan, die Aktivität unseres moralischen Netzwerks wahr. Und wir fühlen nicht nur, wir reden und denken, wägen ab und verwerfen. Angenommen, am Straßenrand steht ein Korb mit Eiern, daneben ein Schälchen mit einem Schild: „30 Cent pro Stück". Kein Verkäufer steht dabei, kein Passant ist weit und breit zu sehen. Was hält uns davon ab, einfach zuzugreifen? Die Angst vor Strafe? Die Angst vor der Blamage, wenn uns doch jemand erwischt? Das Mitgefühl mit dem armen Hühnerhalter? Der

Nachhall des elterlichen Imperativs: Das tut man nicht? Und selbst wenn wir zugreifen, ohne zu zahlen und unentdeckt bleiben, werden wir uns rechtfertigen: „Wer so blöd ist, nicht auf den Korb aufzupassen, muss sich nicht wundern“, murmeln wir. In uns läuft schon bei dieser banalen Situation ein komplexer Vorgang ab.

Das Gewissen taugt offenbar nicht als sanftes Ruhekissen, das der Einzelne auf dem Liegestuhl aus Öko-Holz genießen kann. Das Gewissen gibt keine Ruhe, es spricht in uns zu uns, es fragt an, zwingt zur Antwort und zur Verantwortung. Laut Thomas von Aquin verhilft es dem Menschen zu der Fähigkeit, das Gute zu tun und das Böse zu meiden. Es ist „Verstand und nichts als Verstand.“ Der Philosoph Immanuel Kant deutet das Gewissen als die „sich selbst richtende Urteilskraft“. Der Mensch kann, im Unterschied zum Tier, sein eigenes Verhalten kritisch reflektieren. Es ist für Kant nicht wichtig, ob der Mensch von Natur aus gut ist, entscheidend ist, dass er gut sein will. Der Wille zum Gutsein bestimmt seinen moralischen Wert als Person. Deshalb kostet es oft Mühe, auf das Gewissen zu hören. Viele schlagen seine lästigen Einflüsterungen in den Wind und wollen es wie einen ungefragten Ratgeber am liebsten loswerden. „Es ist so bequem“, beklagt Kant in seiner Schrift „Was ist Aufklärung?“ aus dem Jahr 1784, „unmündig zu sein. Habe ich ein Buch, das für mich Verstand hat, einen Seelsorger, der für mich Gewissen hat, einen Arzt, der für mich die Diät beurteilt, so brauche ich mich ja nicht selbst zu bemühen. Ich habe nicht nötig, zu denken, wenn ich nur bezahlen kann; andere werden das verdrießliche Geschäft schon für mich übernehmen.“ Der Wunsch, vom eigenen Gewissen befreit und des Zwangs zum Selbstdenken enthoben zu sein, kommt für Kant einer inneren Enthauptung des Menschen gleich. Ein Mensch, der sein Gewissen niederringt, betrügt sich selbst. Wenn er gewissenlos handelt, so tut er es nicht, weil er keines hätte, sondern weil er es durch konsequente Nicht-Beachtung schließlich zum Schweigen bringt. Von einem derartigen Menschen heißt es zu recht: Sein Gewissen war rein, er benutzte es nie.

Der Apostel Paulus hat im Römerbrief das Gewissen, schon vor Kant, als „inneren Gerichtshof" bezeichnet, als Wechselspiel von Anklage und Verteidigung. Die Tatsache, dass sich Christen wie Paulus, Augustinus und Thomas von Aquin besonders ausgiebig mit dem Gewissen beschäftigt haben, meint mitnichten, dass diese Instanz nur Christen vorbehalten ist. Der Christ fragt: Was würde Gott dazu sagen? Muslime leben unter Allahs Augen. Kant kommt ohne transzendenten Beistand aus. Er insistiert: Was wäre, wenn alle so handeln würden wie ich? Die italienische Philosophin Diana Sartori, eine der feministischen Vordenkerinnen ihres Landes, umreißt das Gewissen mit der Frage: Was würde Mutter dazu sagen? Das Gewissen ist die Stimme Gottes, die Stimme der Vernunft, die Stimme einer vertrauten Person. Es vereint Glauben und Wissen, Fühlen und Denken, Hören und Sehen, Freiheit und Bindung. Das Gewissen ist das Persönlichste, was ein Mensch besitzt, das Wertvollste, das er hat. Es ist, wie Philosophen und Theologen sagen, die Mitte der Person, die letzte Instanz moralischer Verantwortung. Der Mensch ist nicht nur ein soziales und sprachbegabtes Lebewesen; was ihn als Menschen auszeichnet, ist sein Gewissen. Wenn Biologen den Menschen durch den aufrechten Gang definieren, erkennt die Ethik darin ein Symbol für das, was den Menschen überhaupt erst zum Menschen macht: die Fähigkeit, das eigene Handeln nicht nur an Eigennutz und Eigeninteresse auszurichten, sondern im Gewissen, vor dem unbestechlichen Blick eines inneren Freundes und Begleiters zu verantworten.

Wer sein Gewissen einsetzt, stellt sich den Blick des anderen auf das eigene Leben vor. Auf diese Weise ergänzen moralische Einsichten unsere moralischen Gefühle. Der barmherzige Samariter ist in dem biblischen Gleichnis der

Einzige, der dem Verletzten am Wegesrand hilft. Der Priester und der Levit sehen ihn und gehen vorbei. Warum hilft der Mann aus Samarien? Weil er Mitleid hat und weil er in der Lage ist, die Perspektive dessen einzunehmen, der unter die Räuber gefallen ist. Jene, die vorbeigehen ohne zu helfen, sind unfähig zum Rollenwechsel. Der Priester beispielsweise folgt den Buchstaben seiner Dienstvorschrift, er will seine rituellen Pflichten erfüllen und wird gerade deshalb schuldig.

Das Gewissen ist zwar naturgegeben, aber es bedarf der Bildung. Niemand kann es vollständig niederringen, irgendwann wird es sich umso heftiger melden. Aber man kann die lästige Stimme sehr weitgehend zum Schweigen bringen und wie einen Radiokommentator ausschalten, der einem auf die Nerven geht. Die amerikanische Psychotherapeutin Martha Stoud fand heraus, dass jene Zeitgenossen, die scheinbar ohne Scham, Schuld und Reue auskommen, mit besonderem Charme ihre niederen Motive kaschieren. Der Titel ihres Buches ist vielsagend: „Der Soziopath von nebenan“. Wer das gewisse Etwas verachtet, verhält sich asozial. Der Mensch hat also nicht nur eine Verantwortung vor dem Gewissen, sondern auch eine für das Gewissen.

Das lateinische Wort sagt es schon: Con-Scientia, gemeinsames Bewusstsein. Wer sich um das gewisse Etwas bemüht, kann sich hineindenken in andere – und handelt gerade deshalb oft anders als die Mehrheit. Nur Gesetze zu achten, nur die zehn Gebote zu respektieren, ist ihm zu wenig. Er fragt darüber hinaus: Wie werde ich meiner Verantwortung gerecht?

Das ständige „Du sollst nicht“ ist eher Warnung als Aufforderung. Das Gewissen hingegen ermutigt zum Handeln. Mag sein, dass skrupulöse Menschen langsamer sind, weil sie sich eine Entscheidung nicht leicht machen. Doch dafür hält das Versprechen, das sie geben, auch länger.

Der Philosoph Karl Jaspers beschreibt diese Triebkraft seines Lebens so: „Ich suchte als Lehrer das Gewissen anzusprechen: nicht nur als intellektuelles Gewissen, richtig zu denken, sondern das existentielle, das es für verderblich hält, sich in intellektueller Unverbindlichkeit mit sogenannten philosophischen Problemen abzugeben." Das Gewissen beflügelt uns, über die Durchschnittsmoral hinauszugehen, es hilft, die Trägheit zu überwinden und nicht in die Morgen-fange-ich-an-Falle zu tappen. Der Verletzte am Wegesrand braucht jetzt Hilfe, nicht erst, wenn der Dienstplan es vorsieht. Jetzt ist die Zeit, jetzt ist die Stunde, heute wird getan oder auch vertan, ermuntert das Gewissen.

Diese Haltung schützt vor blindem Gehorsam. Schon die antiken Dramen zeigen, dass Moral das Gegenteil von Gesetzestreue sein kann. Antigone will ihren Bruder Polyneikes bestatten, obwohl der neue König von Theben genau dieses Ritual unter Androhung der Todesstrafe verboten hat. Antigone lässt sich weder einschüchtern noch von wohlmeinenden Ratgebern abbringen. Als sie ihrem Bruder, wie es die Götter vorsehen, den Weg in den Hades bereitet hat, wird sie von einem Wärter entdeckt und zum König gebracht. Der gibt ihr die Chance, die Tat zu leugnen. Sie schlägt die Möglichkeit aus. Sie habe das Richtige getan, sagt sie dem Herrscher, und sei bereit, dafür zu büßen.

Alle Gewissenstäter der Geschichte, die Märtyrer und Widerstandskämpfer, erkannten, dass im damals geltenden Recht viel Unrecht herrschte, sie setzten sich über das legale Unrecht hinweg und zahlten dafür einen hohen Preis. In einem Rechtsstaat ist dieses ursprüngliche Einsatzgebiet des Gewissens scheinbar entfallen. Mutige, die sich gegen den Mainstream behaupten, braucht jedoch auch die Demokratie. Gewissenhaft – das Attribut gilt in der Alltagssprache demjenigen, der unauffällig und fehlerfrei seine Aufgaben erledigt. Eine falsche Assoziation. Der Gewissenhafte wird verhaltensauffällig, weil er sich zur Ausnahme von der Regel durchringt. Allerdings, so betont der französische Philosoph Paul Ricœur, sind es Ausnahmen zugunsten der anderen. Ein integrer Mensch fordert zuerst von sich selbst. Er entscheidet individuell, oft einsam, aber nicht egoistisch. Der Moralapostel hingegen inszeniert sich auf Kosten des anderen, indem er den Zeigefinger hebt. Er pervertiert die Frage „Was soll ich tun?" zum Vorwurf „Was du tust, geht gar nicht".

Eine Gesellschaft hat kein Gewissen, sie einigt sich auf Regeln und Werte, die sie per Gesetz mit Sanktionen absichert. Dennoch kann es sich im Kampf um Aufmerksamkeit lohnen, vom Kollektiv nicht nur Gesetzestreue, sondern moralische Verantwortung einzufordern. Politiker und Journalisten reden deshalb Ernährungs-, Klima- und Steuersündern ins Gewissen. Die Erde wird wärmer, der Deutsche dicker, der Reiche reicher. Und wir begehren, nicht schuld daran zu sein. „Wie hältst du's mit dem CO_2, dem Body-Mass-Index, der Einkommensteuerklärung?", so lauten die neuen Gretchenfragen. Energiesparlampen, Fit-statt-Fett-Programme, Konteneinsicht für Finanzbeamte – derartige Maßnahmen vermitteln das wohlige Gefühl, das Gewissen sei in einem demokratischen Staat an die demokratisch gewählten Volksvertreter delegierbar.

In Ernährungs-, Heizungs- und Finanzfragen lassen wir uns gern von oben sagen, was gesund, klimaneutral und sozial gerecht ist. Das Liebesleben hingegen, noch bis Mitte des 20. Jahrhunderts begehrtestes Objekt öffentlicher Moralanstrengung, entzieht sich des prüfenden Blicks der Allgemeinheit. Es ist eine Privatsache, die, so der Common Sense, „jeder mit seinem Gewissen vereinbaren muss". „Kann denn Liebe Sünde sein?", fragte Zarah Leander lasziv vor siebzig Jahren und gab sich umgehend selbst die Antwort: „Auch wenn sie es wär', dann wär' es mir egal". Heute kann essen Sünde sein, autofahren kann Sünde sein, Millionen nach Liechtenstein verschieben kann Sünde sein, Liebe aber niemals.

Sigmund Freuds Patienten trieb die rigorose Moral der Zeit auf die Couch. Wer heute zum Psychoanalytiker geht, kämpft nicht mit den Erwartungen der Gesellschaft, sondern mit seinen eigenen. Der Jüngling, der verliebt auf sein Spiegelbild im Wasser starrt, ist blind für die Wünsche der anderen. Der moderne Narziss füllt bereitwillig alle 1364 Felder in der Internet-Partnervermittlung aus. Liebenswürdig erscheint ihm nur derjenige, der in sein Profil passt. Für die Erwartung des anderen haben die Suchmasken keinen Platz.

Das Gewissen wird in Liebesdingen herbeizitiert, um von der Durchschnittsmoral abweichen zu dürfen. Allerdings profitiert davon meist derjenige, der sich die Ausnahme genehmigt. Fremdgehen beispielsweise, immerhin ein Verstoß gegen eines der zehn Gebote, ist, wenn es Prominente betrifft, zwar immer noch meldepflichtig, es gilt aber nur noch als Abweichung von der Regel. Das Publikum nimmt all die gescheiterten Promi-Beziehungen, von denen sich der Boulevard ernährt, eher mit Amüsement als mit Bestürzung zur Kenntnis. Verlässt ein bekannter Schauspieler, Moderator oder Sänger Frau und Kinder, um mit der Geliebten ein neues Leben anzufangen, dokumentieren People-Magazine mit einer langen Bildstrecke sein neues Glück. Auf die scheinheilige Frage des Reporters, ob solche Fotos die Verlassene verletzen, gibt der frisch Verliebte zurück: „Ich habe das mit meinem Gewissen ausgemacht, ich kann das verantworten." Er darf darauf hoffen, dass die Leser sein Tun als Kavaliersdelikt verbuchen.

Als „Eruption des Selbst" hat der Soziologe Niklas Luhmann einen derartigen Freispruch in eigener Sache bezeichnet. Das Publikum steht stumm-staunend davor, wenn der innere Gerichtshof entschieden hat. Wer will schon als moralinsaurer Dolce-Vita-Verderber in die Revision gehen?

Doch das gute Gewissen, das wir uns oft wider besseres Wissen zusprechen, ist eine zweischneidige Sache: Es zeugt einerseits von Ich-Stärke und Selbstbewusstsein, beides Eigenschaften, die bei Persönlichkeitstrainern hoch im Kurs stehen. Andererseits wirkt es wie ein Tranquilizer, der Warnsignale schnell abschaltet. Chefs, die nur von Ja-Sagern umgeben sind, verlieren erst die Bodenhaftung, dann die Macht. Das schlechte Gewissen hingegen meint es gut mit uns. Es ist ein echter Freund.

Der Blick des anderen, die Stimme des anderen, die Erwartung des anderen: Und wo bleibe ich? Wer belohnt das mühsame Hin und Her, das Abwägen, den Perspektivenwechsel, den Aufwand ums Anständige? Lässt sich mit Gewissen gewinnen? Oder sagt der frühere „Tagesthemen"-Moderator Ulrich Wickert die Wahrheit, wenn er per Bestsellertitel verlautbart: „Der Ehrliche ist der Dumme"?

Der Gewissenlose, der schnell und ohne Rücksicht auf Verluste „Ich darf das!" donnert, wird es zweifellos häufig leichter haben als jeder, der noch ein grüblerisches „Oder?" anfügt. Doch das ganz große anspruchsvolle Glück bleibt den „Soziopathen von nebenan" verschlossen. Gewissensbisse schmerzen, Entscheiden tut weh. Mit gutem Grund: Das Warnsignal erinnert uns daran, dass wir in der Wahl unserer Lebensziele nicht allzu bescheiden sein sollten. Um es mit Aristoteles zu sagen: dass wir Lust an den Dingen empfinden sollen, die es wirklich wert sind. Ein schlechtes Gewissen macht einen nicht zum Dummen. Die Bisswunden richtig zu deuten, macht lebensklug und selbstbewusst. Martin Heidegger sieht im Gewissen den „Aufruf des Selbst zum Selbstseinkönnen". Etwas schlichter formuliert: Es macht mich einmalig, unverwechselbar.

Gewissen ist Macht, nicht über andere, aber über sich selbst. Sogar der Nationalökonom und bekennende Utilitarist John Stuart Mill verbucht die Selbstprüfung auf der Habenseite des Lebens, wenn er feststellt „Jeder möchte lieber ein unzufriedener Sokrates sein als ein unzufriedenes Schwein.“ Es ist anstrengend, ein Gewissen zu haben, aber wer auf sein Gewissen pfeift, dem fehlt das Wesentliche zum Menschsein: der innere Blick, die Stimme des anderen, eine verlässliche Richtschnur in schwierigen Entscheidungen des Lebens.

Economy Class

Kaufen, kämpfen, geizen, gieren, prassen, tricksen, managen, neiden …

Das Schnäppchen, die Globalisierung und ich

Als Models in die Konfektionsgröße von Erstklässlern passten, bekam die Designerbranche ihr Fett weg. Die Modemänner formten sich die Mädchen nach ihrem Bilde, zürnten die Kommentatoren, die Stardesigner trieben ihre Opfer in die Mager- und Drogensucht, um Damen mit abgesaugten Oberschenkeln und aufgespritzten Lippen das Geld aus der Louis-Vuitton-Tasche zu ziehen. Ein offensichtlich essgestörtes Model hielt Haut und Knochen für ein Protestplakat gegen die Usancen in Paris und Mailand hin. Frei nach Brecht: Wo kein Fressen, da keine Moral.

Die meisten der zur Rede gestellten Modemacher erklärten knapp 45 Kilo Gewicht verteilt auf 1,80 Meter für vollkommen ausreichend, die Mädchen vom Laufsteg behaupteten tapfer, sie könnten so viel essen, wie sie wollten, sie nähmen einfach nicht zu. Ein spanischer Modekonzern hingegen scherte, angetrieben von der Regierung des Landes, aus: Er verkündete, begleitet von großem Mediengetöse, für seine Kollektionen nur noch Mädchen auf den Laufsteg zu schicken, denen Kleidergröße 36 nicht am Leib schlackert; auch die dürren Schaufensterfiguren wurden durch Puppen mit den Maßen einer Normalfrau ersetzt. Mehr als ein Jahrzehnt, nachdem der Benetton-Konzern Aids-Kranke und getötete Soldaten als Werbemotive genutzt hatte, war sie wieder da, die Frage nach dem Gewissen der Modebranche.

Jetzt ist der Kunde an der Reihe: Will er schuld sein, wenn Mädchen ihr Magenknurren mit Kokain betäuben? Schon für fünf Euro kann er sich ein T-Shirt kaufen, für das kein schönes Mädchen Hunger leiden musste, suggeriert der spanische Modehersteller. Aber was, wenn für diesen Preis denjenigen, die die Kleider in Bangladesh oder China webten, nur ein Hungerlohn gezahlt wurde?

Die Fußgängerzonen der Republik werden, zumindest für den einigermaßen aufgeklärten Kunden, zum Gewissensprüfungsparcours. Die Ware, die in seiner Tüte landet, ist um die halbe Welt gereist, gerade an dem, was wenig kostet, wollen viele verdienen. Irgendetwas, das ahnen wir, löst der Kauf eines T-Shirts, das für 2,99 auf dem Ständer vor dem Modediscounter einer deutschen Kleinstadt hängt, weltweit aus – wirtschaftlich, klimatisch, sozial. Wir fördern damit Standorte, Geschäftspraktiken und politische Systeme.

Es gibt die Möglichkeit, aus moralischen Gründen Produkte zu boykottieren. Aber wer auf diese Weise den Konsum zur Gewissenentscheidung macht, muss sich sehr genau darüber informieren, wen der Boykott trifft: Schadet unser Verzicht wirklich den Mächtigen, den wir bestrafen wollen, oder raubt er denjenigen, die in den Textilfabriken unsere Billigtextilien nähen, die Arbeit? Wenn unser demonstratives Nein den Diktatoren dieser Welt nicht wirklich weh tut, ist es nicht gerechtfertigt, dass sich der Boykotteur dem gedankenlosen Schnäppchenjäger überlegen fühlt.

Die Globalisierung bringt uns moralisch in eine schwierige Situation. Wir sind einerseits Gewinner dieser Entwicklung, weil wir hier günstige Produkte kaufen können. Mode und Unterhaltungselektronik sind für jeden erschwinglich geworden. Wer arm ist, muss nicht mehr ärmlich gekleidet sein, Designerware gibt es zu günstigen Preisen in den Filialen internationaler Ketten. Der Smoking für 199 Euro, für den H&M vor einigen Jahren mit großflächigen Plakaten warb, ist mehr als ein preisgünstiges Stück Herrenoberbekleidung. Ein Prestigeobjekt der Oberschicht wurde damit Volksgut, der Globalisierung sei Dank.

Doch nicht nur in Bezug auf Konsumgüter sind wir Nutznießer der weltweiten Handelsströme. Auch von den internationalen Finanztransfers haben vor der Krise viele profitiert. Selbst die biedere Altersvorsorge wurde durch neue Finanzprodukte aufgepeppt, die mit besseren Zinsen lockten als die konservativen Anlagen. Die wenigsten Bank-

oder Versicherungskunden haben sich bei der Unterschrift gefragt, wie die reizvollen Renditen möglich sind; sie haben das Verkaufsgespräch gutgläubig als Beratungsgespräch empfunden.

Es waren also keineswegs nur die Zocker, die das intransparente System gefördert haben. Von der wunderbaren Kapitalvermehrung hatten sich auch die Bezieher kleiner und mittlerer Einkommen locken lassen, sie gaben das traditionelle Sparbuch für riskantere Anlageformen mit unverständlichen Namen auf. Oft wussten die Kunden nicht einmal, dass ihr Geld in Lehmann-Papiere oder bei isländischen Banken investiert worden war. Ein politischer Druck, eine laut vernehmbare Forderung an die Regierungen, Regeln in diesen unkontrollierten Markt einzuziehen, ging jedenfalls nicht vom Volke aus. Diese Forderung blieb Nicht-Regierungsorganisationen wie Attac vorbehalten.

Wenn in Deutschland vor der Finanzkrise Kritik an der Globalisierung aufkam, dann bezog sie sich auf die Standortpolitik der Unternehmen. Denn die alten Industrienationen mit hohem Lebensstandard und hoher sozialer Sicherheit sind auch Verlierer des Wettbewerbs: Industriearbeitsplätze wanderten in Billiglohnländer ab, Dienstleistungen folgten. Einfache Jobs für schlecht ausgebildete Bewerber hat hierzulande kaum noch ein Unternehmen im Angebot. Der globalisierungsfeste Mensch muss sein ganzes Leben den Anforderungen des Arbeitsmarktes unterordnen; auch die beste Ausbildung ist keine Garantie mehr dafür, dass sich nicht in Indien und China ein noch besserer und vor allem preiswerterer Bewerber für den Job findet.

Weniger Deutschland zentriert betrachtet sind allerdings diese Verluste Gewinne: Die Konzerne nutzen das Armutsreservoir der Welt, um Kosten zu sparen. Als Nebenprodukt der Produktionsverlagerung bekommen Länder, die bisher arm waren, nun die Chance, an der wirtschaftlichen Entwicklung teilzuhaben. Wir müssten eigentlich froh sein, weil nun auch Länder ein Wirtschaftswunder erleben dürfen, denen dies bisher versagt blieb. Der Wohlstand der Welt ist für alle da. Auch wenn das für die Entlassenen in Deutschland ein schwacher Trost ist.

Als bekannt wurde, dass der Handyhersteller Nokia sein Werk in Bochum schließen wollte, verabschiedeten sich einige Politiker demonstrativ von ihren finnischen Mobiltelefonen. Eine hilflose Geste. Gleichwohl eine vielsagende, suggeriert sie doch, dass alle Marktmacht vom einzelnen Konsumenten ausgeht. Die Industrie- und Subventionspolitik wurde heruntergespielt, die Verantwortung zum Endverbraucher abgeschoben. Als die Automobilbranche im Herbst 2008 in den Abgrund raste, schnürte die Bundesregierung ein Rettungsprogramm. Die Deutschen sollten ihren Sparkurs aufgeben und wieder Autos kaufen; wer sein altes Auto gegen einen umweltfreundlichen Neuwagen eintauschte, wurde mit 2500 Euro Abwrackprämie belohnt.

Das Schlagwort vom „König Kunden" bekommt in der Krise eine neue Bedeutung: Konsum erscheint als vaterländische Pflicht. Der Bürger-King regiert scheinbar den Markt. Ist er patriotisch, sind die Konzernlenker es auch, honoriert er Unternehmen, die heimische Arbeitsplätze erhalten, bleiben Standorte bestehen. „Hoch die Taschen!" – die einen kaufen für die Rettung der deutschen Automobilindustrie, die anderen gleich für die Rettung der Welt.

Konsumieren ist vom notwendigen Übel zum Bekenntnis geworden. Wer es sich leisten kann, fragt sich bei jedem Artikel: „Darf ich das kaufen?" Hollywoodstars wie Brad Pitt und Angelina Jolie tragen den nachhaltigen Lebensstil, den „Lifestyle of Health and Sustainability" (Loha), ins Kurzzeitgedächtnis des Boulevards. Weniger prominente Lohas tauschen im Internet ihre Erfahrungen darüber aus, wo sie Designermöbel aus Holz finden, die nicht das Klima ruinieren, welche Cremes mit Kräutern von zufriedenen Bauern in der richtigen Mondphase geerntet wurden und wie sich aus alten Venyl-Platten im mit Öko-Strom betriebenen Backofen ein designpreisverdächtiger Zeitschriftenständer formen lässt. Ein T-Shirt für 2,99 Euro käme einem Loha nicht in die Recycling-Tüte.

Die neuen Weltverbesserer steigen nicht mehr aus, sie kaufen ein. „Geld regiert die Welt, das ist nicht länger ein Stoßseufzer, das ist ein Schlachtruf", stellte „Der Spiegel" in einem Artikel über den „Kunden als Krieger" fest. Die Biobanane ist in diesem Kampf eine effektivere Waffe als der Infostand zur Situation der Bauern in Ecuador.

Buchtitel wie „Gute Marken, böse Marken" oder „Shopping hilft die Welt verbessern" laden das vormals banale Konsumieren moralisch auf. Markentreue, einst durchaus als deutsche Tugend anerkannt, genügt nicht mehr. Jedes Produkt muss sich das Vertrauen bei der kritischen Kundschaft neu erarbeiten. Zeitschriften wie das mittlerweile eingestellte Loha-Zentralorgan „Ivy" fragten „Welchen Al-Gore-Faktor hast du?" Die Diktion ist durchaus mit dem eines alten Beichtspiegels vergleichbar. Kein Zufall, dass sich in amerikanischen Hotels Al Gores Bestseller „Eine unbequeme Wahrheit" statt oder zumindest neben der Bibel in der Nachttischschublade findet.

„Die neue Frömmigkeit irrlichtert irgendwo umher zwischen dem Dalai Lama und der Waldorfschule, Greenpeace und der Tierschutzorganisation Peta", giftet Dirk Maxeiner, einst Chefredakteur der Zeitschrift „Natur" in seinem Buch „Hurra, wir retten die Welt". Der unheilige Geist trägt den Namen Kohlendioxid. Die farbigen Computerbilder eines fiebernden Planeten, die Prognosen für die Jahre 2020, haben die Kraft von Prophezeiungen. Geht der Kampf verloren, droht die Apokalypse, das Jüngste Gericht tagt in Form der Klimakatastrophe. Vorher singen sich die Hoffnungsvollen bei Live-Earth-Messen noch Mut zu.

Wer auf der Suche nach seinem persönlichen Gore-Faktor in sich geht, findet ein Leben voller Umweltsünden.

Der Trost: Die Absolution ist käuflich, eine Liste mit den Bezugsquellen ist immer nur einen Klick entfernt.

Auf diese Weise mit Information und Geld das schlechte Gewissen umweltverträglich zu entsorgen, bleibt einer privilegierten Schicht vorbehalten. Wer nur 49 Cent für eine Tüte Knabberzeug ausgeben kann, wird mit seinem Kauf kein Projekt gegen Sextourismus auf den Philippinen unterstützen können. Beim Beutel mit den schokolierten philippinischen Mangos für 2,99 hingegen ist die bewusstseinserweiternde Wirkung schon eingepreist. „Der Trend geht zum Guten" verkündete die „Wirtschaftswoche" angesichts des steigenden Marktanteils fair gehandelter Produkte. Das ökologisch gefüllte sanfte Ruhekissen können diejenigen kaufen, die Wohlstand als erstrebenswertes Ziel hinter sich gelassen haben. In Wohngegenden aber, wo sehnsüchtig die neuesten Prospekte von Aldi, Lidl und Saturn erwartet werden, ist diese Form des gewissenhaften Einkaufens wenig verbreitet.

Die Tatsache, dass Menschen am unteren Ende der Einkommensskala mit jedem Cent rechnen müssen, darf jedoch nicht zur Ausrede werden. Wer in der Lage ist, einen geringfügigen höheren Preis für fair gehandelte Waren zu bezahlen, sollte es tun: Nicht um sein Gewissen ruhigzustellen, sondern weil es den Produzenten in den Anbaugebieten hilft. Sie werden unabhängig von den Zwischenhändlern, wenn sie sich auf einen festen Kundenstamm in den wohlhabenden Ländern verlassen können. Der Ertrag ihrer Arbeit fällt ihnen zum größten Teil selbst zu. Das gibt Sicherheit und ermöglicht eine verlässliche Zukunftsplanung. Was noch wichtiger ist: Die Campesinos gewinnen ihre Selbstachtung zurück, wenn sie spüren, dass sie zur Eigenvorsorge fähig sind.

Der Versuch, ökologisch und sozial korrekt einzukaufen, kann anstrengend sein, wenn man ihn mit kompromisslosem Ingrimm verfolgt. Der Londoner Journalist Leo Hickman beschreibt in dem Buch „Fast nackt“ humorvoll seinen Versuch, ethisch korrekt zu leben. Er kauft keine Bohnen mehr aus Kenia, schmeißt Backofensprays und Spülmaschinentabs in den Giftmüll und probiert Stoffwindeln fürs Baby aus. „Ein Neugeborenes zu versorgen bedeutet jedoch auch, dass man keine Zeit mehr hat, sich um ethische Nuancen wie die Reduktion des Stromverbrauchs oder den Kauf von Fair-Trade-Äpfeln zu kümmern“, schreibt Hickman in seinem Schlusswort.

Seine amerikanische Kollegin Sara Bongiorni hat mit ihrer Familie ein Jahr lang auf den Kauf chinesischer Produkte verzichtet. „Wir wollten herausfinden, welche Willenskraft und welcher Einfallsreichtum nötig sind, um ohne die am schnellsten wachsende Wirtschaft der Welt zu leben – und ob dies überhaupt machbar ist. Ich wusste, dass China Konsumenten wie uns braucht, um seine Wirtschaft anzuheizen, doch brauchen wir unsererseits auch China?“, erläuterte sie ihr Erkenntnisinteresse. Ihre Antwort: Ja, wer sich einen neuen PC kaufen möchte oder den Kindern neues Spielzeug, kommt an China nicht vorbei. Der Boykott habe ihr das Gefühl vermittelt, gegen ein Unrechtsregime protestieren zu können, bilanziert Bongiorni ihr Experiment, aber es sei mit unvertretbarem Aufwand verbunden.

Für die Mehrheit der Bevölkerung dürfte die Folgenabschätzung beim Kauf jeder einzelnen Tube Zahnpasta, jeder Küchenrolle, jeder PET-Flasche unmöglich sein. Beim Shopping die Welt zu retten, ist ein vermessener Anspruch, an dem alle, die ehrlich zu sich selbst sind, nur scheitern können. Wer stundenlang über Kaufentscheidungen brütet, wer tagelang unterwegs ist, um die korrekten Läden aufzusuchen, fühlt sich nicht nur zeitlich überfordert, sondern auch mental. Der Konsum wird alltagsbeherrschend, er bekommt einen Platz im Leben, der ihm eigentlich nicht zusteht.

Das soll allerdings kein Plädoyer dafür sein, die Denkanstrengung beim Preisvergleich enden zu lassen. Wir können da kaufend mit der alltäglichen Gewissensbildung anfangen, wo wir nicht auf diffuse, zum Teil ideologisch verzerrte Informationen angewiesen sind, sondern selbst gewisse Zusammenhänge nachvollziehen können: bei den Lebensmitteln.

Deutsche geben etwa ein Zehntel ihres Einkommens für Nahrungsmittel aus, für Miete und Heizkosten wird rund die Hälfte des Monatsbudgets fällig. Die Tatsache, dass in den Zeitungsanzeigen der Preis des Salatkopfs deutlich mehr Platz einnimmt als der Salatkopf selbst, sagt etwas über die allgemeine Wertschätzung aus: Das, was uns zum Leben verhilft, das Lebensmittel eben, rückt in den Hintergrund.

Es gibt Millionen Deutsche, die bei mit jedem Cent rechnen müssen und für die es schmerzlich ist, mehr als einen Euro für das halbe Pfund Butter zu zahlen. Es erstaunt dennoch, dass in einem trotz allem wohlhabenden Land Schäppchenjagd zum Breitensport werden konnte. Ein teurer Geländewagen auf dem Parkplatz des Billigdiscounters gilt als Beweis der ultimativen Cleverness. Wer bei Lebensmitteln spart, kann es offenbar im Leben weit bringen.

Dies ist kein Versuch, jeden zum Feinschmecker zu bekehren. Wenn Gourmet-Päpste gnadenlos verlangen, den Supermarkt zu meiden und die aromatischste alte Tomatensorte auf dem 15 Kilometer entfernten Wochenmarkt zu besorgen, so predigen sie einen Lebensstil, der für einen Wolfram Siebeck praktikabel sein mag, sich aber kaum mit den gängigen Möglichkeiten des Broterwerbs vereinbaren lässt. Zunächst einmal wäre schon viel gewonnen, wenn sich das Bewusstsein für einen angemessenen Preis wecken ließe, angemessen für die Kaffeebauern in Nicaragua wie für die heimischen Landwirte.

Die Geiz-ist-geil-Mentalität mindert die eigene Fähigkeit, das tägliche Brot zu genießen. Und sie mindert die Lebensqualität aller. Wer auf die grüne Wiese fährt, statt im Ort einzukaufen, nur weil das Gemüse im Discounter ein paar Cent weniger kostet, ist mit dafür verantwortlich, wenn Landstriche veröden. Es gibt schon genug Dörfer, in denen durchaus gut situierte Bürger leben, die nicht willens waren, im örtlichen Lebensmittelladen, beim Metzger und beim Bäcker einzukaufen. Den Preis dafür zahlen alle, die kein Auto haben.

Wer eigentlich mehr als Discountpreise zahlen könnte, wer sich also eine gewisse Entscheidungsfreiheit finanziell leisten kann, hat eine Vorbildfunktion. Wir haben uns angewöhnt, Vorbilder aus dem täglichen Leben auszugliedern, sie sind zuständig für besondere Gelegenheiten. In der Regel inspirieren sie uns eher zur Fernsten- als zur Nächstenliebe: Mutter Teresa, Mahatma Ghandi, Martin Luther King und der Dalai Lama rangieren in den Rankings auch deshalb so weit oben, weil ihr Kampf für Gerechtigkeit von den Gewissensentscheidungen unseres Alltags weit entfernt ist. Hier eine Spende nach Kalkutta, dort eine tibetische Flagge als Protest gegen Chinas Politik, das reicht meistens als Ausdruck unserer Bewunderung. Nacheifern können wir diesen Helden ohnehin nicht, das macht sie so bequem.

Vorbilder sind immer die anderen. Selbst Vorbild sein zu wollen, erscheint vielen als vermessener Anspruch. Wer sich beim Einkaufen Mutter-Teresa-gleich als Streiter für die Armen geriert oder mit gewaltlosem Widerstand gegen die Preispolitik von Discountern protestiert, kommt sich albern vor. Mit Recht. Denn Vorbild-Sein bedeutet nicht, großen Idolen nachzueifern, sondern sich selbst zu fragen: Welches Bild gebe ich ab? In der konkreten Einkaufssituation bedeutet das: Benehme ich mich so, als gehöre mir die Welt oder ist mir klar, dass alles, was ich über das Existenzminimum hinaus besitze, mir nicht ganz allein gehört? Letzteres ist ein Gedanke, der zu gewissenhaften Entscheidungen inspiriert. Ich habe eine Verantwortung dafür, wie ich das Geld einsetze und was ich mit meinem Konsum signalisiere, wen ich stärke und wen ich ruiniere.

Ich muss ja nicht gleich die Banane aus dem Fair-Trade-Laden wie einen Colt zücken, den Parkplatz des Einkaufscenters stürmen und mit vorgehaltener Biowaffe „Hände weg von Aldi-Obst!“ rufen. Die Banane vom Edeka nebenan tut's fürs Erste auch.

Man gönnt sich ja sonst nichts – Ist Luxus dekadent?

Ein Sieben-Gänge-Menu in einem Sterne-Restaurant, dazu die passenden Weine. Am Ende stehen mehr als 250 Euro auf der Rechnung. Pro Person. Deutsche Spitzenköche berichten davon, dass ihnen besonders oft die Frage gestellt wird: Ist das nicht dekadent, wenn in derselben Stadt tausende Kinder nicht einmal Geld für das Schulessen haben? Den hochdekorierten Kollegen in Frankreich bleibt diese Frage weitgehend erspart.

Das Überflüssige ist nicht per se unmoralisch. Luxus ist dann für einen gewissenhaften Menschen nicht tragbar, wenn er nur der Zurschaustellung dient, der Demütigung dessen, der sich Champagner und Damast nicht leisten kann. Auch in der Bibel wird bisweilen üppig aufgetischt, der Wein fließt in Strömen. Der Mensch muss also mitnichten vom Brot allein leben. Denn Überfluss ist auch ein Ausdruck der überfließenden Güte Gottes. Eine Moral, die nur den Verzicht akzeptiert, wäre eine sauertöpfische Moral. Wer nicht genießt, wird schnell selbst ungenießbar.

Wenn ich für einen Abend in einem guten Restaurant so viel ausgebe, wie ein Hartz-IV-Empfänger im Monat zur Verfügung hat, brauche ich solange kein schlechtes Gewissen zu haben, wie ich diesen genussvollen Abend als etwas Besonderes wahrnehmen kann, das einen hohen Platz in meinem Leben oder im Leben der anderen Gäste hat. Früher sagte man: Es braucht einen besonderen Anlass, um sich Überflüssiges zu gönnen.

In einer Szene im Evangelium fällt eine nicht namentlich benannte Frau Jesus zu Füßen, benetzt mit ihren Tränen seine Füße und schüttet kostbares Salböl über ihn aus. Andere kommen hinzu und sagen empört: „Was hätte man statt des Öls alles kaufen können!" Daraufhin sagt Jesus: „Die Armen habt ihr immer bei euch." Jesus hatte also durchaus einen Sinn für das Verschwenderische. Er hätte vermutlich nicht einmal etwas dagegen, dass die High Society für den guten Zweck unter sich bleibt und bei einer Benefiz-Gala das Geld für aidsinfizierte afrikanische Kinder im Champagner-Kühler sammelt.

Ich kann tatsächlich ein guter Mensch sein, auch wenn ich den Hartz-IV-Empfänger nicht ins Drei-Sterne-Lokal bitte, auch wenn ich das kranke Kind nicht zum Charity-Ball ins Luxushotel einlade. Mein Luxus wird erst dann verwerflich, wenn ich in der Raucherlounge vom Dunst der noblen Zigarre nach dem Dessert blind werde für die Bedingungen, unter denen andere zu leben haben.

Souverän mit edlem Essen, feinem Wein und teurer Kunst umzugehen heißt, eine gewisse Distanz zu bewahren. Ich gönne mir das gelegentlich, aber ich kann auch darauf verzichten – diese Haltung macht unabhängig. Jedes „unbedingt" schafft Zwänge.

Muss ich das haben? Kann ich das entbehren? Ist das wirklich wesentlich für mein Leben? Diese scheinbar einfachen Fragen sind so schwierig zu beantworten, dass viele Menschen zur Ergründung ihrer inneren Bedürfnisse auf externen Rat vertrauen. Bestseller wie „Simplify your life" versprechen, innerhalb weniger Monate zuerst den Schreibtisch, dann den Rest des Daseins zu entrümpeln. Der britische Journalist Neil Boormann hat auf der Suche nach dem Wesentlichen in einer spektakulären Aktion sein Hab und

Gut – darunter Luxusjeans und schicke Notebooks – auf einem Scheiterhaufen in Flammen aufgehen lassen. „Ich bin einfach ich“, stellt er befriedigt am Ende seines Selbsterfahrungsbuches fest. Der amerikanische Hörbuchverleger Dave Bruno reduzierte seine Habe auf 100 Gegenstände. Die „100 Things Challenge“ protokollierte er in seinem Blog, dort diskutiert er mit Fans und Gegnern zum Beispiel über die Luxus-Frage, ob es in Ordnung ist, die gesamte Bibliothek wie einen Gegenstand zu behandeln oder ob jedes Buch einzeln zählt.

Derartige Demonstrationen des stilvollen Verarmens zeigen unterhaltsam, dass Verzicht eine durchaus fröhliche Angelegenheit sein kann. Sie bieten das Gegenbild zu einem Leben in Askese, dem jahrelange, oft quälende Entscheidungsprozesse vorausgehen. Ohne Internettagebuch in Einsamkeit.

Vereinfachung ist eben gar nicht so einfach, auch wenn wir uns einen Berater von außen holen. Wir haben die Sehnsucht, Ballast abzuwerfen, zugleich gehört Gier zur menschlichen Natur – und Überfluss zur Natur, die uns umgibt. Gerade die Flora geizt nicht mit üppigen Reizen und verschwenderischer Pracht.

„In allem ist etwas zu wenig“, sagt die Dichterin Ingeborg Bachmann. Wir verlangen stets nach Neuem, unser Hunger nach Glück endet nie. Gier ist eben nicht nur Habgier und Begierde, sondern auch Neu-Gier. Konsum, der über die reine Bedarfsdeckung hinausgeht, ist immer mit einem Glücksversprechen verbunden: Die Margarine hält die Familie zusammen, der Deoroller macht Frauen schwach, das Bier rettet Männerfreundschaften, so will es die Werbung glaubhaft machen. Souverän Luxusgüter zu konsumieren, setzt voraus, ehrlich zu sich selbst zu sein und Konsum-Enttäuschungen einzugestehen. Etwas Teures zu kaufen kann beglückend sein, wenn der neue Gegenstand mein Leben bereichert, wenn er dem dient, was ich für erstrebenswert halte. Als Selbstzweck macht Konsum arm. Ein Schrank, in dem sich wie bei der Diktatorengattin Imelda Marcos 2000 Paar kaum getragene Nobelschuhe stapeln, wirkt erbärmlich. Wer der Gier ihren Lauf lässt, macht sich in hohem Maße abhängig. Das Nein zum 2001. Paar befreit.

Demonstrativer Konsum verstellt den Blick auf den anderen, er schafft Abstand. Eine Einladung in eine Villa kann den Gast einschüchtern, aber das noble Haus kann auch ein besonders festlicher Ort sein. Ein teures Geschenk kann den Beschenkten beschämen, aber es kann auch eine großzügige Geste sein, wenn es als Einladung in eine Welt gemeint ist, die dem anderen ansonsten verschlossen bliebe. Der Umgang mit Luxus ist eine Wanderung auf dem schmalen Grat zwischen Reichtum und Vermögen. Der Reiche teilt bloß aus, der Vermögende lässt teilhaben. Der Reiche weckt Neid, der Vermögende Respekt.

Um den Luxus zu resozialisieren, kann ein einfacher Kniff helfen: eine freiwillige Selbstbesteuerung, eine individuelle Luxussteuer. Konkret: Wenn ich mir ein kostbares Bild oder einen teuren Wein kaufe, lege ich noch einmal zehn Prozent drauf und spende diesen Zehnten für einen karitativen Zweck. Diese Abgabe ist effektiver als jede staatlich verfügte Luxussteuer, denn der Aufseher ist nicht das Finanzamt, sondern mein Gewissen.

Diese Luxussteuer sieht auf den ersten Blick wie ein gelegentliches Almosen aus, sie verändert jedoch das Denken. Teilen bekommt einen festen Platz im Leben. Die zehn Prozent erinnern bei jedem Kauf daran, dass der Reichtum der Welt der Menschheit im Ganzen gewidmet ist und Privateigentum den Sinn hat, allen zu dienen. Die Armen haben einen Anspruch auf die Güter dieser Welt. Die Selbstbesteuerung weist ihnen eben diesen Anteil zu.

Die anderen tun's doch auch – Steuergerechtigkeit auf eigene Faust

Die Putzfrau aus dem Kosovo, die für 7,50 Euro pro Stunde bar auf die Hand das Haus sauber hält; die Polin, die 24 Stunden sieben Tage die Woche die demenzkranke Oma versorgt, damit das Häuschen nicht fürs Pflegeheim draufgeht; der Fliesenleger, der schon beim ersten Gespräch anbietet, einen Teil der Arbeit „an der Steuer vorbei" abzurechnen – jeder kennt diese Beispiele, weil sie in Gesprächen unter Freunden und Bekannten nicht einmal besonders geheim gehalten werden. Empörung lösen solche Geständnisse selten aus, eher Bewunderung.

Dabei ist Steuerbetrug kein Kavaliersdelikt. Das sagen die Gesetze des Staates, das sagt der Katechismus der katholischen Kirche. „Gebt dem Kaiser, was des Kaisers ist, und Gott, was Gottes ist", antwortete Jesus, als die Pharisäer von ihm wissen wollten, ob es Rechtens sei, dem Kaiser einen Zins zu bezahlen. Wer heute Steuern hinterzieht und Sozialabgaben meidet, versündigt sich weder am Kaiser noch am Finanzminister, sondern an der Solidargemeinschaft.

Während nur eine Minderheit der Bevölkerung einen Bankraub für ein praktikables Mittel hält, an Geld zu kommen, liegt die Hemmschwelle bei Steuertricks und Schwarzarbeit deutlich niedriger. Der Überfall gilt eindeutig als kriminell, die Unterschlagung als lässliche Sünde. Das Bewusstsein, dass „man das eigentlich nicht darf", ist allerdings noch immer vorhanden. Die „World Values Survey", eine weltweit durchgeführte Umfrage zum Wertewandel, kam zu dem Ergebnis, dass eine Mehrheit der Deutschen, 58 Prozent, Steuerhinterziehung „unter keinen Umständen" für akzeptabel hält. Zum Vergleich: In Dänemark, dem Spitzenreiter in Sachen Steuermoral, sagten das 66 Prozent, in Griechenland, dem Schlusslicht, nur 37 von 100 Befragten.

Wunsch und Wirklichkeit klaffen auseinander. Eine Emnid-Umfrage im Auftrag der Zeitschrift „Chrismon“ vom Januar 2001 förderte zutage, dass 49 Prozent der Befragten von sich behaupten, bei der Steuererklärung ganz ehrlich zu sein. 40 Prozent schätzen sich als „im Großen und Ganzen“ ehrlich ein, gaben also zu, ein bisschen zu manipulieren. Nur fünf Prozent waren der Meinung, der Staat kassiere zuviel, deshalb dürfe man die Steuererklärung zu seinen Gunsten auslegen, einer von 100 rechtfertigte die eigene Schummelei mit der Steuerhinterziehung der Reichen.

Das Unrechtsbewusstsein schwindet selbst bei jenen Bürgern, die sich für rechtschaffen halten. Wer einen Volkswirt in der Bekanntschaft hat, wird die These kennen, dass der Staat mit Steuerhinterziehung und Schwarzarbeit rechnet, ja dass er sogar klug beraten ist, wenn er dem Bürger das Gefühl gibt, der Einzelne könne die Obrigkeit gelegentlich überlisten. Doch auch ohne wissenschaftlichen Beistand lässt sich das Gewissen schnell beruhigen: Es geht um eine gerechte Sache. Mit nicht ganz legalen Steuertricks holt sich der Einzelne das zurück, was ihm der Staat zu Unrecht genommen beziehungsweise bei den anderen zu Unrecht nicht genommen hat. Daten des Statistischen Bundesamtes zeigen, dass die Steuerlast ungleich verteilt ist: 35 Millionen Steuerpflichtige zahlten im Jahre 2004 rund 181 Milliarden Euro. Gut 14 Prozent der deutschen Steuerzahler verdienen zwischen 50 000 und 125 000 Euro, sie allein aber stemmten als Gutverdiener 40 Prozent des Lohn- und Einkommenssteueraufkommens. Das obere Viertel der Bevölkerung trägt vier Fünftel der Steuerlast, mehr als zehn Millionen Geringverdiener zahlen nichts.

Der Steuertrickser der überproportional belasteten Mittelschicht darf sich ein bisschen wie Robin Hood fühlen: Er nimmt das Geld von einem, dem der Raub nicht wehtut. Anders als der Rächer der Enterbten behält er die Beute zwar für sich, aber auch das ändert nichts an dem guten Gefühl, ein Unrecht auf eigene Faust ausgeglichen zu haben.

Als ungerecht wird Deutschland jedoch auch von jenen empfunden, die als Geringverdiener gar keine Einkommenssteuer zahlen. Während die Steuerdaten eher eine Umverteilung von oben nach unten nahelegen, lassen Angaben zur Vermögens- und Einkommensentwicklung den gegenläufigen Schluss zu. Die Lohnspreizung hat seit 1990 zugenommen, Gehälter in den oberen Einkommensklassen stiegen deutlich, während die Reallöhne am unteren Ende der Skala sanken. Zudem trifft die Erhöhung der Mehrwert- und Verbrauchssteuern vor allem diejenigen, die einen großen Teil ihres Einkommens in den Konsum stecken müssen. Das Land hat ein Gerechtigkeitsproblem, tun zwei Drittel der Deutschen regelmäßig kund.

Man mag solche pauschalen Urteile anzweifeln, weil die Kriterien für „gerecht" und „ungerecht" subjektiv sind. Die Umfragen messen einen Wert, der in der behaupteten Exaktheit nicht messbar ist. Dennoch können Politiker aller Parteien die Ergebnisse nicht ignorieren: Das Gefühl, es gehe nicht gerecht zu, belastet das Verhältnis der Bürger zum Staat. Aus Vater Staat, dem man vertraut, ist ein Abzocker-Daddy geworden, dem man alles zutraut.

Die SPD versuchte im Bundestagswahlkampf 2005 das Thema Steuergerechtigkeit für sich zu nutzen. Ihre Helfer verteilten Brötchentüten auf denen stand: „Wenn Angela Merkel Bundeskanzlerin ist, koste ich zwei Prozent mehr." Die Drohung arbeitete zwar mit einer Lüge, weil auf Brötchen nur der reduzierte Steuersatz erhoben wird, doch das nur nebenbei. Als Angela Merkel dann Bundeskanzlerin einer Großen Koalition war, erschloss sich die volle Bedeutung der ersten Silbe des Wortes Mehrwertsteuer: Aus 16 wurden 19 Prozent – mit den Stimmen der SPD, die doch ursprünglich jede Erhöhung für skandalös hielt. Wenn zwei plus null drei ergibt, sind die Gesetze der Mathematik und die des politischen Kompromisses aufgehoben. Der Staat erscheint in seinen Berechnungen als unberechenbar.

Die Politik hofft in solchen Fällen darauf, dass der Bürger schnell vergisst. Doch in Steuerfragen ist das Gedächtnis lang, jeder Wortbruch fügt sich in das Bild eines als insgesamt ungerecht wahrgenommenen Systems.

Kein Bürger zahlt gern Steuern. Das muss er auch nicht. Es genügt dem Staat und der Solidargemeinschaft, dass er sie überhaupt zahlt: ob aus Einsicht in die Notwendigkeit oder aus Angst vor Strafe, ist zunächst zweitrangig. Moralisch betrachtet unterscheiden sich die beiden Motivationen jedoch deutlich. Die bessere Moral zeigt derjenige, der davon überzeugt ist, dass dem Staat um des Gemeinwohls willen ein bestimmter Anteil zusteht. Selbstlos ist das nicht, denn Bürger und Staat gehen eine Geschäftsbeziehung ein. Alle zahlen, damit Leistungen für alle möglich sind: Schulen, Universitäten, Straßenbau und Polizei. Über diese materiellen und personellen Mittel hinaus muss der Staat ein immaterielles Gut bieten: ebenjene oft zitierte Gerechtigkeit. Das bedeutet, dass die Steuer- und Abgabenlast der individuellen Leistungsfähigkeit angemessen bleibt.

Diese Leistung erbringt das deutsche Steuersystem nicht mehr. Wenn von einem Euro mehr als die Hälfte für direkte und indirekte Steuern sowie Sozialabgaben fällig ist, dürfte selbst für den redlichsten Staatsbürger eine Grenze überschritten sein. Aufgrund der kalten Progression kann schon für mittlere Einkommen der Spitzensteuersatz fällig werden, das macht das Bild vom Abzockerstaat sehr konkret. Wer selbst als Handwerker mehrere Überstunden machen muss, um nur eine Handwerker-Stunde der Kollegen ordnungsgemäß bezahlen zu können, kommt ins Grübeln. Der Fiskus, so das verbreitete Gefühl, nimmt mehr als ihm zusteht, vorzugsweise von denen, die sich am wenigsten wehren.

Das System ist so kompliziert geworden, dass es die Steuermoral, auf die es angewiesen ist, untergräbt. Denn

Einsicht in die Notwendigkeit setzt Durchblick voraus. Die Folge der Intransparenz: Derjenige, der sich den besten Steuerberater leisten kann, senkt auf legalem Weg seine Steuerlast. Derjenige, dessen Einkommen weder für einen Top-Helfer noch für Filmfonds reicht, kann nicht darauf hoffen, von Ausnahmen zu profitieren. Er mutmaßt aber, dass „die da oben" es können. Neid nagt an ihm.

Als das Privathaus des früheren Postchefs Klaus Zumwinkel durchsucht wurde, war ein Kamerateam dabei. Die Fernsehmacher ahnten: mit dem Thema lässt sich Quote erzielen. Der Zuschauer will dabei sein, wenn ein Spitzenverdiener als gieriger Trickser auffliegt. Die Schadenfreude ist die Kehrseite des beschädigten Staatsvertrauens. Die öffentliche Verurteilung des prominenten Steuersünders war durchsetzt von Heuchelei. Klaus Zumwinkel hatte, als er sich unbeobachtet glaubte, seine Steuerlast auf den ihm angemessen erscheinenden Anteil reduziert. Er hatte damit das getan, was vielen, die ihn nun scharf kritisierten, mangels Gelegenheit versagt blieb. In der Empörung schwang unüberhörbar Missgunst mit, als sei Gerechtigkeit dann erreicht, wenn alle in gleichem Umfang den Staat betrügen können.

Auch Rachegelüste kamen als Gerechtigkeits-Reflex daher. Verdi-Chef Frank Bsirske zum Beispiel nutzte das Entrüstungs-Wettrüsten, um für Einkommen ab zwei Millionen Euro einen Spitzensteuersatz von 80 Prozent zu fordern. Finanziell fiele das wegen der relativ kleinen Zahl der Zahlungspflichtigen kaum ins Gewicht. Es ging einzig um den Symbolwert der Sippenhaftung. Ein riskantes Unterfangen: „Derartig hohe Steuersätze kämen einer Enteignung gleich und wären das Signal, dass der Staat seinerseits nicht mehr fair spielt. Ein besseres Mittel, den Gutverdienern jegliche Steuermoral auszutreiben, gibt es nicht", warnte Friedrich Heinmann vom Zentrum für Europäische Wirtschaftsordnung.

Eine Moral-Debatte, die ausschließlich um das Geben der anderen kreist, wird die Steuermoral nicht heben. Wirksamer wäre – das legt die eingangs erwähnte „World Value Survey" nahe – ein Steuersystem, das der Bürger als übersichtlich und moderat empfindet. Das wiederum setzt die Bereitschaft der Politiker voraus, jede Ausnahme auf den Prüfstand zu stellen, auch gegen den Widerstand zahlreicher Lobbyisten.

Zu den Ausnahmen gehören Steuersparmodelle, von denen sehr Vermögende profitieren, aber auch die Pendlerpauschale, die Millionen Nicht-Millionäre betrifft, dazu gehört die Spende an die Obdachlosenhilfe ebenso wie die Parteispende. Eine Gesellschaft ist auf privates Engagement in Form von Geldzuwendungen angewiesen. Es bedarf der Fantasie des Gesetzgebers, den Bürger dazu auf anderem Wege als bisher zu ermutigen.

Sonntagsreden über Ethik in der Wirtschaft bringen Applaus, dem Redner wird attestiert, er habe unbequeme Wahrheiten verkündet. Weitaus unbequemer wäre es, ein transparentes Steuersystem ohne Ausnahmen und mit nur wenigen Progressionsstufen durchzusetzen. Ein derart mühsamer Protestüberwindungs-Prozess ist langfristig die Voraussetzung dafür, dass die Mehrheit der Enttäuschten Vertrauen in den Staat zurückgewinnt. Eine Vereinfachung der Einkommenssteuer wird nicht jeden davon abhalten, die Putzfrau schwarz zu beschäftigen, den Fliesenleger halb schwarz, halb weiß zu bezahlen und Geld auf die Cayman-Inseln zu schaffen. Wer es trotzdem versucht, kann sich nicht mehr vor sich selbst damit rechtfertigen, auf eigene Faust Gerechtigkeit schaffen zu müssen. Nicht vor den Medien. Und nicht vor dem eigenen Gewissen.

Die da oben, wir hier unten – Wer gewinnt den Moralpokal?

Macht es einen Unterschied, ob die Putzfrau schwarz arbeitet oder ein Top-Entscheider schwarze Kassen ins Steuerparadies bringt? Gemessen am Grad der öffentlichen Erregung auf jeden Fall. Einige nutzen die Causa Zumwinkel, um auch dem gern herbeizitierten kleinen Mann ins Gewissen zu reden. Wer selbst mit ein paar hundert Euro trickse, habe kein Recht, auf die Milliardenbetrüger zu zeigen, so der moralinsaure Tenor. Das Argument klingt edel, ist aber weder hilfreich noch gut. Denn in der moralischen Bewertung der Reinigungs- und der Spitzenkraft besteht tatsächlich, bei aller Kritik an Zumwinkels Kritikern, ein entscheidender Unterschied: Der Boss zählt sich selbst zur Elite. Er ist oben, die anderen blicken zu ihm auf. Er wird – ob er will oder nicht – als Vorbild wahrgenommen und das meint mehr, als Imagewerte messen können.

Was der Chef macht, gilt als richtig, auch und gerade, wenn es nicht gut ist: Drapiert der Boss seine Dienstreisen um private Termine, wird der Angestellte ihm nacheifern oder diese Verquickung zumindest für akzeptabel halten. Schikaniert der Abteilungsleiter seinen Mitarbeiterstab, wird auch der Mitarbeiter versuchen, den Druck auf seine Untergebenen abzuleiten. Was der Chef macht oder unterlässt, rechtfertigt das eigene Tun und Lassen. Als Vorgesetzter Vorbild sein meint nicht, seine Unternehmensführung am Dalai Lama auszurichten. Es bedeutet vielmehr, sich der Tatsache bewusst zu sein, dass das eigene Verhalten und vor allem das Fehlverhalten Schule machen. Der Elitestatus bemisst sich in Deutschland vor allem am Jahreseinkommen, am Unternehmensgewinn, am Stockwerk und an den Quadratmetern des Büros. Allein Zahlen zählen. Eine Ziffer fehlt jedoch in der Jahresbilanz: der Vertrauensvorschuss, den die Gesellschaft ihrer Elite entgegenbringt.

Schon vor Ausbruch der Finanzkrise hatten die Demoskopen in der Beziehung zwischen Volk und Volkswirtschaft empfindliche Störungen gemessen. Nur eine Minderheit der Deutschen wollte sich selbst zum 60. Geburtstag der Sozialen Marktwirtschaft gratulieren: Gerade einmal 39 Prozent der Westdeutschen und 19 Prozent der Ostdeutschen hatten, so ermittelte das Institut für Demoskopie Allensbach, im Jubiläumsjahr 2008 eine gute Meinung vom eigenen Wirtschaftssystem.

Das Misstrauen schlägt sich schon in der sprachlichen Distanz nieder: „Die Wirtschaft" wird wie ein Block behandelt, der beziehungslos neben „der Politik" und „der Gesellschaft" steht. Der Bankier gehörte noch zur besseren Gesellschaft, der Banker hat sich daraus verabschiedet. „Hochqualifizierte Experten. Jeder ein geschlossenes System. Ein fleischgewordener Chip. Nicht ein Augenzwinkern verrät, dass sie gern leben", psychologisiert der Dichter Wolf Wondratschek.

Es ist die Welt der Dienstwagen mit Chauffeur, der verdunkelten Scheiben in großen Limousinen, der First-Class-Schalter am Flughafen und der eigenen Aufzüge in die höchste Etage. Der Kontakt zu denen da unten muss nicht mehr sein. Wirtschaftswunder? Irgendwie schon, aber nicht mehr im Erhard'schen Sinne. „Die Wirtschaft" ist der Bereich, über den sich alle ohne Ökonomie-Studium wundern müssen. In Talksshows sitzen ihre Vertreter isoliert. Während der Politikbetrieb mehrere Repräsentanten entsenden darf, reicht für „die" Wirtschaft ein einziger Sessel. Derjenige, der ihn besetzt, beklagt in der Regel, dass sich die öffentliche Wahrnehmung auf die Skandale kapriziert, auf die schwarzen Schafe in der Herde redlicher Manager und mittelständischer Unternehmer.

Niemand von „denen da unten" hegt Unmut gegen Manager, die ein hohes Maß an Verantwortung übernehmen, die viel Zeit in ihre Arbeit investieren und einem hohen Erwartungsdruck ausgesetzt sind. Dass ihr Gehalt üppiger ausfallen muss als das eines Facharbeiters, wird kein vernünftiger Mensch ernsthaft anzweifeln. Jenen Unternehmern, die mit guten Ideen reich geworden sind und die mit ihrem Vermögen für ihre Entscheidungen gerade stehen, dürfte kaum jemand den S-Klasse-Mercedes neiden.

Aber exorbitante Managergehälter, die auch dann steigen, wenn die Geschäfte schlecht laufen? Fehlentscheidungen, die mit großzügigen Abfindungen belohnt werden, wenn die teuren Träume vom Weltkonzern geplatzt sind? Der Umzug des Siemens-Chefs in eine fernsehbekannte Villa, wenn gleichzeitig der Abbau von mehreren Tausend Stellen bekannt gegeben wird? Gescheiterte Spitzenkräfte, die kläglich ihre Boni einklagen? „That's life", sagten die Verantwortlichen meistens schulterzuckend und rieten dazu, den Volkszorn auf millionenschwere Balltreter zu lenken.

Entscheider, die sich in dieser Weise öffentlich rechtfertigen, bleiben in ihrem geschlossenen System. Von außen betrachtet folgen die sogenannten Einzelfälle eben doch einem verbreiteten Handlungsmuster. Die Gier von Managern und Spekulanten als Triebfeder auszumachen, greift zu kurz. Dass einzelne Spitzenkräfte das Fingerspitzengefühl vermissen lassen, wurde vor allem deshalb möglich, weil Geld seinen Bezug zur Wirtschaft verloren hat. Geld erzeugte Geld, immer weniger wurde mit Waren und Dienstleistungen erarbeitet. Seit dem Zusammenbruch des Systems hat es sich eingebürgert, zwischen Finanz- und Realwirtschaft zu unterscheiden. Erst da wurde deutlich, wie unwirklich die Summen waren, mit denen Bankies und Börsianer hantierten. „Es gab Leute, die saßen auf Barhockern mit Laptops und hatten schon wieder eine Million gemacht", staunte Erzbischof Reinhard Marx, Autor eines Buches namens „Das Kapital", in einem Interview mit dem „Spiegel". „Da wurden Anreizsysteme aufgebaut, die Menschen in die falsche Richtung führten." Der Crash machte deutlich, dass die abstrakte Größe Geld sehr konkrete Folgen haben kann. Die beiden Systeme Politik und Wirtschaft wurden in der Not wieder zusammengezwungen. Seitdem geriert sich der Staat als Retter – und mancher Politiker als Rächer, der die Sünden der Manager mit Verstaatlichung vergelten will.

Als der Bundesfinanzminister in der Nachtsitzung zur Hypo-Real-Estate Hunger verspürte, rasten Pizzaboten herbei. Ein symbolisches Bild. Der Pizzabote lebt nämlich so, wie die Prediger des zeitgemäßen Kapitalismus die zeitgemäße Humanressource haben wollten: Er hat noch zwei andere Jobs, morgens ist er Fahrradkurier, nachmittags Kellner. Er ist flexibel, mobil, anspruchslos. Die Sozialstatistiker zählen ihn eher zu den Bildungsfernen, trotzdem denkt er nach. Während er Abend für Abend Pappschachteln zu den Rettungspaketschnürern bringt, fragt er sich, ob er mit seinen Lieferungen nicht ein falsches System speist. Sein Kumpel bekam von der Bank keinen Kredit, als er seine Pizzeria eröffnen wollte. Zu wenig Sicherheiten, sagte der Kundenberater. Der Freund kratzte das Geld irgendwie zusammen, aber wenn das Geschäft mit Margerita, Tonno und Calzone pleitegeht, kommt keiner dafür auf.

Die Bürger müssten endlich Abschied nehmen von ihrer Sicherheitsmanie, predigten Politiker, Spitzenmanager und Unternehmer jahrelang unisono auf Tagungen wie in Talkshows. Vater Staat mit seiner umfassenden Daseinsvorsorge wurde als seniler Alter belächelt. Auf einem Kongress mit dem vollglobalisierten Namen Future-Forum zum Beispiel erklärte der Vorstandsvorsitzende des Halbleiterherstellers Infineon, Ulrich Schumacher: „Wir brauchen mehr Eigeninitiative. In Deutschland gibt es noch immer zu viel Vollkaskomentalität." Sachsens damaliger Ministerpräsident Georg Milbradt dozierte bei gleicher Gelegenheit: „Wir können als Gesellschaft nicht immer auf Nummer sicher gehen, sondern müssen die eigenen Besitzstände infrage stellen." Das war 2003, im Jahr der Agenda 2010. Der Infineon-Chef wurde mittlerweile gegangen, der Landeschef Milbradt ebenfalls. Beide fielen deutlich sanfter als die meisten, denen sie damals Vollkaskomentalität unterstellt hatten.

Andere Beschäftigte fielen unsanfter und lernten in diesen Jahren: Die Rente ist unsicher, Kranksein wird teurer, dafür muss Arbeit billiger werden. Die Löhne stagnierten, die Preise stiegen, über die Pendlerpauschale und Eigenheimzulage für Provinzler machten sich die großstädtischen Feuilletons lustig. Der kleine Mann verabschiedet sich brav von dem ungehörigen Gedanken, für sein kleines Glück werde der Staat schon sorgen. „Seinen Teil des Gesellschaftsvertrags hat er eingehalten", schrieb Dirk Kurbjuweit treffend im „Spiegel" über Menschen wie den Pizzaboten.

Und die Big-Bosses? Die haben sich erst gar nicht auf einen Gesellschaftsvertrag eingelassen, der Wirtschaft kam die Bindung an die Gesellschaft abhanden. Und dies trotz Kultursponsorings und heftig flottierender Ethik-Debatten. Wer die Seminarlandschaft der vergangenen Jahre anschaut, konnte den Eindruck gewinnen, in der Wirtschaft sei der Wettbewerb „Wer gewinnt den Moralpokal?" ausgebrochen. Manager gingen ins Kloster, Führungskräfte zahlten mehrere Tausend Euro Tagungsgebühr, um über Werte diskutieren zu dürfen. Unternehmen wie die Deutsche Telekom gaben sich einen Ethik-Codex mit dem wohlklingenden Namen T-Spirit. Was damit gemeint ist, erläuterte ein Vertreter des Konzerns auf dem Kongress „Unternehmen neu denken" im Herbst 2005 so: „Den Führungskräften kommt dabei top-down eine Vorbildrolle zu, so dass auf Basis des Werteverständnisses konzerneinheitlich Schlüsselfaktoren wie Kompetenz- und Performance-Management, Potenzialbewertung und Nachfolgeplanung sowie Incentive-Maßnahmen, letztlich die gesamte Unternehmenskultur ganzheitlich gestaltet und nachhaltig gelebt werden." Impulsgeber für diese Berliner Veranstaltungsreihe war Anselm Bilgri, der frühere Prior des Klosters Andechs. Heiliger Geist trifft T-Spirit. Heraus kommt vor allem heiße Luft.

„Auf konkurrenzbestimmten Moralmärkten will jeder der Tugendheld sein", spottete etwa der Münchner Theologe Friedrich Wilhelm Graf angesichts der Moralinüberproduktion. Gerade Großunternehmen mit professionell formulierten Ethik-Codes blieben nicht von Korruptionsfällen und raffgierigen Managern verschont. Trotz „T-Spirit" machte die Telekom mit einer Bespitzelungsaffäre Schlagzeilen. Die meisten Kodizes sind anspruchsvoll formuliert, geben sich aber mit bescheidenen Zielen zufrieden. Sie ähneln den Regeln, die die Supernanny bei RTL gern an die Wand von Problemfamilien pinnt: Wir schreien uns nicht an, wir grüßen uns, wir diskutieren, wenn es Missverständnisse gibt. Das Ziel solcher Übereinkünfte ist es, das Arbeitsklima möglichst angenehm zu gestalten, das Verhältnis zwischen Vorgesetzten und Untergebenen zu entspannen und sicherzustellen, dass die Unternehmensführung weiß, wie zufrieden die Belegschaft mit ihren Arbeitsbedingungen ist. Der Kodex wirkt also vor allem nach innen.

Die Regelsammlung legt selten offen, welche Unternehmensziele nach außen vertreten werden. Der Grund ist nachvollziehbar: Wer sich dieser Aufgabe ehrlich stellt, muss zugeben, dass vom alten Ethos nicht mehr viel übriggeblieben ist. Gewinnmaximierung war einst nur eines von mehreren Zielen. Der Sinn des Gewinns war es, in bessere Produktionsanlagen, Arbeitsplätze und die Qualität der Waren zu investieren. Es gab eine Verantwortung für die Beschäftigten und für die Region, in der das Unternehmen angesiedelt war. Heute fühlt sich das Management primär den Anteilseignern verantwortlich. Deshalb genügen nicht mehr vier Prozent Rendite, es müssen zwanzig sein. Deshalb reicht nicht mehr der Wettbewerb über Qualität und Preis, es muss der Ruin des Konkurrenten sein. Im Zeitalter des Shareholder Value verstehen viele Manager nicht mehr, wozu das eigene Ethos einen Unternehmer des alten Schlages verpflichtete. Während sich dieser für das ganze Unternehmen verantwortlich wusste und in langen Zeiträumen dachte, um es zukunftssicher zu machen, schrumpft der Zeithorizont von Management-Entscheidungen radikal zusammen. Die nächste Bilanzpressekonferenz kommt in spätestens drei Monaten, die durchschnittliche Verweildauer von Vorständen auf ihren Posten beträgt nur wenige Jahre. Kein Anreiz, um langfristige Strategien über den Fälligkeitstag der nächsten Boni-Zahlungen hinaus zu entwickeln. Die Beschäftigten werden in diesem System nur als Personalkostenblock wahrgenommen, die Produktionsstätte als Standort, nicht als Heimat. Zwei Jahre Shanghai, ein Jahr New York, drei Jahre Stuttgart – Manager mit solchen Lebensläufen sind bei Headhuntern beliebt. Flexibilität macht begehrenswert, Loyalität gilt als langweilig.

Der Grundsatz der katholischen Soziallehre „Eigentum verpflichtet“ scheint von der Wirklichkeit überholt worden zu sein. Er stammt aus einer Zeit, als Großgrundbesitzer und Fabrikanten in ihre Schranken gewiesen werden mussten. Bei anonymen Anteilseignern und angestellten Managern in weltweit operierenden Großkonzernen bedarf der Eigentumsbegriff einer neuen Definition. Wer soll der Verpflichtete sein?

„Unsere ethischen Kategorien wie Teilen, Mitleid und Solidarität stammen aus einer vormodernen Zeit“, sagte der Sozialethiker Karl Homann in einem Interview mit der „Badischen Zeitung“ und fährt fort: „Es ist intuitiv ungeheuer schwer zu verstehen, dass Konkurrenz ein sittlicher Imperativ sein soll. Solange die Mittel fair bleiben, dürfen, ja sollen Sie Ihren Nächsten in den Ruin treiben. Und sonntags sitzen Sie mit ihm zusammen auf der Kirchenbank.“

Die Kirchenbank steht im Alltag fern vom Chefsessel, allenfalls die Frage, wer mit wem die Hörsaalbänke gedrückt hat, mag bisweilen davon abhalten, den Wettbewerber zu ruinieren. Da interessiert nicht immer, ob faire Mittel den Konkurrenzkampf entschieden haben. Das Ergebnis überstrahlt auch dunkle Machenschaften.

Die Diskussion um Managermoral in Zeiten der Globalisierung vermittelt bisweilen den Eindruck, als müsse eine Firmenlimousine mit Sonderausstattung Ethik am Chef-Ausgang vorfahren. Doch es gibt keine spezielle Wirtschaftsethik, es gibt allenfalls die Möglichkeit zu ethischen Entscheidungen in der Wirtschaft. Das Gebot „Eigentum verpflichtet" besteht für den Häuslebesitzer genauso wie für den Chef eines Weltkonzerns. Der Gedanke, „Überlege nicht nur, was dein Land für dich tun kann, sondern was du für dein Land tun kannst", gilt für den Hartz-IV-Empfänger genauso wie für den Top-Verdiener mit 70 Millionen Euro pro Jahr.

Die Friedensformel der Sozialen Marktwirtschaft besagt: Der Staat überlässt nicht alles dem Markt, sondern schützt die Schwachen. Der Nationalstaat reicht als Bezugsgröße nicht mehr aus. Eine Kapitalverkehrssteuer zum Beispiel, die Heuschrecken abschrecken könnte, ist keine nationale Angelegenheit. Die „Staatengemeinschaft" existiert bisher nur als Worthülse, doch es gibt zur Idee einer grenzüberschreitenden Sozialen Marktwirtschaft keine Alternative, wenn die Verwerfungen des Marktes gemildert werden sollen. Eine globale Soziale Marktwirtschaft mag, gerade aufgrund der erwähnten Vertrauenskrise im Land ihrer Erfinder, wie ein Traum aus ferner Zeit klingen. Das Gewissen inspiriert dazu, auch scheinbar Undenkbares denken zu dürfen.

Soziale Marktwirtschaft bedeutet, dass der wirtschaftliche Wettbewerb fair ausgetragen wird, dass diejenigen, die nicht mithalten können, ein Auskommen haben und trotzdem Anreize bleiben, auf den Arbeitsmarkt zurückzukehren. Der Staat kann sich nicht allein darauf verlassen, dass der homo oeconomicus von sich aus fair und fleißig ist. Deshalb muss er Grenzen setzen. Während durch die Agenda 2010 der Sozialmarkt strikt geregelt wurde, blieb der Finanzmarkt offenkundig von notwendigen Beschränkungen verschont.

Gleichwohl hinterlässt auch die dichteste staatliche Regulierung Gesetzeslücken. Wenn ich allein nach Kosten-Nutzen-Kalkül vorgehe, werde ich jede Lücke zu meinen Gunsten nutzen. Das Gewissen allerdings verbucht diese Profitmaximierung keineswegs als Gewinn, es legt andere Maßstäbe an. Gerade deshalb birgt es das Potenzial für eine neue soziale Bewegung von oben wie von unten: Vordergründig betrachtet verbindet den arbeitslosen Bäckergesellen, der die Stelle in der Keksfabrik ablehnt, wenig mit dem Zertifikate-Zocker. Beide lassen jedoch soziale Manieren vermissen. Der Hartz-IV-Empfänger, der dank Kindergeld, Wohngeld, Heizkostenzuschuss auch ohne Job auf 1350 Euro im Monat kommt, handelt zwar clever, verhält sich aber dennoch unmoralisch – sich und anderen gegenüber. Er entwertet die Arbeit zum bloßen Gelderwerb, und er entwertet sich selbst. Eine bezahlte Arbeit ist, wie der Soziologe Richard Sennett in seinem Buch „Die neue Kultur des Kapitalismus" darstellt, die Anerkennung der Nützlichkeit – ein Gegenwert, den kein Geld aus öffentlichen Kassen bieten kann. Das Gewissen hält das Bewusstsein dafür wach, dass Arbeit mehr gibt als der Kontoauszug registrieren kann.

Am oberen Ende der Einkommensskala zeigt sich der Mangel an sozialen Manieren in Ignoranz. Die Diskussion um Gerechtigkeit wird weitgehend entnervt als „Sozialklimbim" zur Kenntnis genommen. Gerade Entscheider legen der Demokratie die langwierigen Aushandlungsprozesse als Schwäche aus. So konnte der ehemalige Chef der Deutschen Bahn, Hartmut Mehdorn, gleich in mehreren Interviews den Despoten Napoleon sein Vorbild nennen, ohne dass Politiker und Journalisten protestierten – als sei Demokratieverachtung eine originelle Marotte der Erfolgreichen.

Wer einmal einen tobenden First-Class-Kunden am Flugschalter erlebt hat, der nichts mehr zu fürchten scheint, als so abgefertigt zu werden wie alle anderen auch, ahnt, was ein permanenter Höhenflug anrichtet: eine dauernde Gereiztheit ausgelöst von dem bohrenden Gefühl „Ich habe eine bessere Behandlung verdient, weil ich so viel verdiene".

Straffere Gesetze und eine bessere Bankenaufsicht können die Finanzwirtschaft in ihre Schranken weisen. In der Mitte der Gesellschaft verordnen können sie das „System Wirtschaft" nicht. Möglicherweise bringt die Krise das Gespür dafür zurück, dass Verdienen auch etwas mit Dienen zu tun haben könnte. Bundespräsident Horst Köhler warf beim Bankenkongress 2008 der versammelten Geldelite vor, sie sei dem „Rausch der Renditen" erlegen. Manche Beobachter wollen daraufhin in den Gesichtszügen der Kritisierten so etwas wie Demut entdeckt haben. Wer von Arbeitslosen verlangt, einen Job anzunehmen, auch wenn der sich kaum lohnt, muss auch selbst bereit sein, sein Handeln nicht allein am kurzfristigen ökonomischen Kalkül auszurichten.

Die neue soziale Bewegung von oben kann nur die innere Stimme des Einzelnen in Gang setzen. Die Appelle ans Gewissen fruchten nur, wenn auch für die Gewissensbildung neben der Kapitalbildung noch Platz ist. Soziale Manieren lassen sich nicht in Etikette-Seminaren lernen, es geht gerade nicht darum, sich als Teil der besseren Gesellschaft zu gerieren, sondern dieser Gesellschaft etwas zurückzugeben. Der Stifter macht im Unterschied zum Sponsor keine Rechnung auf, er erwartet keine messbare Gegenleistung. Ihn bewegt die Frage: „Was bin ich diesem Gemeinwesen schuldig?"

Erste zaghafte Versuche, die-da-oben mit denen-da-unten zu verbinden, gibt es schon. Für die Initiative „Teach first Deutschland" zum Beispiel unterrichten 150 Top-Uniabsolventen an Schulen in problematischen Vierteln. Das könnte mehr sein als die rote Sozialnelke im Knopfloch des Businessanzugs. Schon Adam Smith, der Vater der Wirtschaftswissenschaften, vermutete selbst bei knallharten Karrieristen einen weichen Kern: „Wie selbstsüchtig auch der Mensch eingeschätzt werden mag", schrieb er 1759 in seiner Theorie der ethischen Gefühle, „so liegen doch öffentlich bestimmte Grundveranlagungen in seiner Natur, die ihn am Schicksal anderer Anteil nehmen und ihm die Anteilnahme an deren Glück notwendig werden lassen, obwohl er keinen anderen Vorteil daraus zieht als das Vergnügen, Zeuge davon zu sein."

Management-Bibeln verwerfen das Geben ohne Gegenfinanzierung als Bilanzverderben. Die Heilige Schrift hingegen behauptet, dass Geben seliger denn Nehmen ist. Seligkeit kann kein Unternehmensziel sein, der Himmel unterliegt nicht dem globalen Wettbewerb. Aber wenigstens zur Erdung in der Gesellschaft sind „die-da-oben" verpflichtet. Wer selbst ein Vorbild abgibt, gibt reichlich.

Beziehungsweise

An der Partnerbörse spekulieren, verlieben, verhüten, fremdgehen, verlassen, erziehen, disziplinieren, bestrafen, Stress haben, faulenzen ...

Projekt Amor – „Bin anspruchsvoll"

Die romantische Liebe auf den ersten Blick ist keine Frage des Gewissens. Amors Pfeil trifft mitten ins Herz, der Verwundete sinkt freudig erregt dahin. Die innere Stimme flüstert süße Schwüre, sie ist unfähig zum Imperativ. Das Gewissen meldet sich erst, wenn die Wunde sich entzündet oder ein neuer Schütze mit frisch gefülltem Köcher des Weges kommt. Dann stellt es Stoppschilder auf, es warnt vor dem Es-ist-aus-mit-uns-Verdikt, vor dem Seitensprung und dem definitiven Seitenwechsel.

Der Volksmund wie die Dichter und Denker feiern die Liebe als Zustand angenehmster Versehrtheit: Liebe macht blind, sie raubt den Verstand, Platon hielt sie für eine schwere Geisteskrankheit, Heinrich Heine für Wahnsinn, die Chansonette Juliette Gréco befand: „Liebe ist wie ein Verkehrsunfall. Man wird angefahren und fällt um."

Auf den zweiten Blick spielt sowohl das Gewissen als auch der Verstand eine Rolle im Liebesdrama. Das Gewissen macht die Liebe erfinderisch, es inspiriert dazu, die große Faszination des Anfangs zu bewahren. Es fordert dazu auf, achtsam zu sein, die Bedürfnisse des anderen zu erkennen, die eigenen Worte sorgsam zu wägen. Wer gewissenhaft liebt, kämpft dafür, das große Gefühl nicht vom Klein-Klein des Alltags zerstören zu lassen.

Liebe bedeutet zudem mitnichten, willenlos dahinzusinken. Der Soziologe Niklas Luhmann beschreibt in seinem Klassiker „Liebe als Passion" einen komplizierten Kommunikationscode, „nach dessen Regeln man Gefühle ausdrücken, bilden, simulieren, anderen unterstellen, leugnen und sich mit allem auf die Konsequenzen einstellen kann, die es hat, wenn Liebe realisiert wird." Dieser Kommunikationscode unterscheidet sich von allen anderen, er entzieht sich dem in anderen Bereichen üblichen Kosten-

Nutzen-Denken, dem Aufrechnen von Geben und Nehmen. „Liebe besagt: dem anderen zu ermöglichen, etwas zu geben dadurch, dass er so ist, wie er ist“, staunt der Soziologe. Liebende versichern sich gegenseitig ihrer Bedeutsamkeit für den anderen, indem sie einander sagen: „Es ist gut für mich, dass es dich gibt, und dass es dich so gibt, wie du bist!“ Das gibt es in keiner anderen Beziehung. Diese einmalige Kommunikation unterscheidet den privaten vom öffentlichen Raum. Zwei gegen den Rest der Welt – diese Konstellation machte Liebespaare für die Herrschenden verdächtig. Die Intimbeziehung wurde deshalb Jahrhunderte lang unter dem Vorwand der Moral in ein Korsett von Vorschriften und Konventionen geschnürt, in die gesellschaftlich erwünschte Form gebracht und entschärft.

Doch Liebe braucht keine Moral. Sie kommt ohne Einmischung des Staates in die inneren Angelegenheiten eines Paares aus, sie benötigt keine Geschlechtsverkehrsregeln der Kirche. Denn Liebe ist per se moralisch.

Moralisch verhalten wir uns laut Kant, wenn wir den anderen als Zweck an sich selbst behandeln, ihn also nicht nur als Mittel für unsere eigenen Zwecke einspannen. Liebe enthält das Versprechen: Ich werde dich nie benutzen, nie nur zum Sexobjekt, Einsamkeitsvertreiber und Handtaschenfinanzierer degradieren. Liebende finden im Glück des anderen das eigene Glück.

Soweit die Idee. In der Praxis erweist es sich zunehmend als schwierig, sich über das Glück des anderen zu definieren. Eine Partnerschaft ist das größte Lebensprojekt überhaupt, die Glückserwartungen sind hoch. Die überwältigende Mehrheit der Deutschen glaubt noch immer an die große Liebe. Daran ändern auch die Scheidungsstatistiken nichts. Im Gegenteil: Je wahrscheinlicher das Scheitern, desto größer die Sehnsucht, es selbst besser zu machen als die anderen. Der zeitgemäße Liebeswillige macht eine Heizkostenrechnung in Sachen Herzenswärme auf. Er trägt seine

Person auf Partnerbörsen zu Markte, er profiliert sich als Projektmanager Amor, der seine erfolgreiche Ich-AG mit einer ebenso erfolgreichen Du-AG zu fusionieren sucht. Er betreibt Selbstmarketing und macht, gerade wenn er ein gewisses Alter erreicht hat, aus der Erwartung keinen Hehl, dass die Gefühlsinvestition sich lohnen muss. „Bin anspruchsvoll" warnen da die finanziell unabhängigen Akademikerinnen (Raum HH, schlank, kultiviert) allzu sorglose Bewerber in den Partnerschaftsanzeigen selbsternannter Elite-Institute.

Mindestens sechs Millionen Deutsche testen ihren Marktwert in Internet-Partnerbörsen. Sie geben Fremden detailliert Auskunft über Beruf, Hobbys und Wünsche, angetrieben von der Angst, als Restposten übrig zu bleiben, schwer vermittelbar bis unverkäuflich. Problemgruppen sind sehr gut ausgebildete Frauen, die wiederum die andere Problemgruppe – schlecht ausgebildete Männer – bei der Durchsicht der Angebote am Computer sofort wegklicken.

Eine der größten Online-Vermittlungen wirbt mit dem Slogan: „Herzklopfen oder Geld zurück". Die kühle Kalkulation muss kein Liebestöter sein, sie kann jedoch Amors Pfeilspitze gehörig vergiften. Liebenswürdig erscheint ausschließlich derjenige, der dem Anforderungsprofil des international tätigen Jung-Juristen mit Yacht vor Curacao oder der golfenden Witwe mit Handicap 8 entspricht.

Natürlich ist es sinnvoll, wenn der Opernfan recht früh signalisiert, dass er niemals der Liebe wegen seine Bayreuth-Karte gegen zwei Tickets für Rock in Roskilde eintauscht. Doch die Vorwarnung „Bin anspruchsvoll" meint mehr als die unentbehrliche Verständigung über Gemeinsamkeiten und Unterschiede. Darin schwingt der Gedanke mit, dass Partnerschaft nur dann gelingen kann, wenn der andere meiner Vorstellung gerecht wird. Eine ziemlich gewissenlose Einstellung. Das erste Gebot der Liebe lautet „Du sollst dir kein Bild machen". Das klingt negativ, tatsächlich aber weitet das Bilder-Verbot den Blick. Liebe ist die Chance, neue Seiten an dem anderen zu entdecken. Die Bindung gibt Freiheit: Der vertraute Mensch ist so frei, auch nach Jahrzehnten gemeinsamen Lebens noch ein Geheimnis bleiben zu dürfen. Dieses vom Gewissen inspirierte Wissen um das Recht auf Veränderung schützt davor, in jeder Abweichung vom selbst gemalten Bild ein Krisensymptom zu sehen.

„Einen Menschen lieben, heißt einzuwilligen, mit ihm alt zu werden", sagte einst Albert Camus, unter anderem Autor eines Romans mit dem Titel „Der Fremde". Wer liebt, pocht nicht darauf, dass sie so bleibt wie am Anfang der Beziehung oder dass er so wird, wie sie ihn gerne hätte. Partnerschaft lebt davon, den Partner immer wieder kennenzulernen, Fremdes an ihm zu entdecken – und zu akzeptieren.

Eine Beziehung, die nur aus der Erfüllung von Erwartung besteht, langweilt einerseits, andererseits kann sich Liebe ohne Verlässlichkeit nicht weiterentwickeln. Die Beziehungskunst besteht darin, das Versprechen zu halten, ohne völlig berechenbar zu bleiben oder Berechenbarkeit einzuklagen. Dann bleibt Zweisamkeit spannend.

Unter riskanter Spannung stehen Liebesbeziehungen, wenn wir glauben, den anderen nach unserem Bilde formen zu können. Dann durchzieht der ständige Vergleich zwischen Original und Fälschung den Alltag. „Finden Sie sieben Fehler und kreisen Sie sie rot ein" – das Spiel aus der Rätselecke wird zum Ernstfall, wenn ich den Partner unter den roten Markierungen nicht mehr wiedererkenne. War er früher auch schon so schlampig? Ist sie immer schon so gern allein ausgegangen? Am Ende steht der Befund: „Das ist nicht mehr der Mann, das ist nicht mehr die Frau, die ich einmal geliebt habe."

Die Erwartungen an die Partnerschaft und an den Partner sind enorm. Die Gesellschaft steht insgesamt unter hohem Glücksdruck. Glücklich zu sein ist das wichtigste Lebensziel der Mehrheit der Deutschen. Aus der Chance, glücklich werden zu können, ist der Zwang geworden, ständig happy zu sein. Unter den Glücklichmachern rangieren Liebe und Partnerschaft weit oben.

Liebe heute – das ist weniger die Himmelsmacht, die Johann Strauß im „Zigeunerbaron" beschwören lässt, als vielmehr die Projektionsfläche höchst irdischer Sehnsüchte. Einerseits noch immer zwei gegen den Rest den Welt, andererseits zwei Kinder ihrer Zeit. Die Partnerschaft gehorcht den Regeln der Entertainment-Branche: Spätestens nach einem Jahr gehe der Reiz des Neuen an einem Partner verloren, behauptete ein Drittel der Deutschen in einer Umfrage, die der „Spiegel" 2008 veröffentlichte. Der Partner muss Glück garantieren, das Zusammensein mit ihm eine umwerfende Erlebnisqualität bieten. Fehlt diese, wird daraus das Recht abgeleitet, den unzulänglichen Partner loszuwerden oder auszutauschen.

Treue steht dennoch zumindest als Sehnsucht hoch im Kurs. Offene Beziehungen à la Simone de Beauvoir und Jean-Paul Sartre praktizieren die wenigsten, schon gar nicht mehr als politisches Statement. Selbst diejenigen, die vor vierzig Jahren ernsthaft versuchten, den Schlachtruf „Wer zweimal mit derselben pennt, gehört schon zum Establishment" in die Tat umzusetzen, mussten später so kleinbürgerliche Gefühle wie Eifersucht eingestehen.

Der Mensch ist ein leibseelisches Wesen, voll von körpernahen Emotionen, er leidet unter der Untreue des anderen. Die meisten wollen deshalb eine auf Dauer angelegte Partnerschaft, die heutigen Jugendlichen stufen sogar den Wert von Treue höher ein als junge Leute vor 20 Jahren. Dennoch schaffen es die wenigsten, ein Leben lang nur einem Partner treu zu sein. Über die Kluft zwischen Wunsch und Wirklichkeit spannt sich das Lebensmodell „serielle Monogamie", das heißt, man bleibt dem Lebensabschnittsgefährten so lange treu, bis die Liebe erkaltet.

Die Ehe, das Leitbild vergangener Jahrhunderte, hat sich zu einer Variante unter vielen entwickelt. Diejenigen, die sich für den Trauschein entscheiden, verbinden damit andere Erwartungen als die Generationen zuvor. Der Satz „Ich verspreche dir die Treue alle Tage meines Lebens“ bekommt vor dem skizzierten gesellschaftlichen Hintergrund einen weniger verbindlichen Unterton. Man könnte ihn auch übersetzen mit: „Ich versuche, das Beste aus unserer Beziehung zu machen.“ Das Treueversprechen bindet, solange es gut geht. Die Kautelen des Scheiterns sind gedanklich eingebaut.

Die Hochzeit wird zwar mehr denn je als romantisches Fest der Liebe gefeiert, tatsächlich erfolgt der Gang zum Standesamt und, wenn überhaupt, zum Traualtar jedoch nach sehr reiflicher Überlegung. Das Paar lebt zusammen, hat sich aneinander gewöhnt, die ersten Realitätsschocks sind überstanden. „Warum sollen wir eigentlich noch heiraten?“, fragen sich die beiden und warten auf einen Anlass: auf das erste Kind, die erste feste Stelle, den 35. Geburtstag. Die Ehe bekommt mit dieser Vorgeschichte eine neue Bedeutung: Sie kann nach jahrelangem Zusammenleben nicht mehr das Zeichen des gemeinsamen Aufbruchs sein. Die Entscheidung, vom Paar zum Ehepaar zu werden, rundet den Lebensentwurf ab. Im Internet sind Listen zum Sport geworden: Was möchte ich noch tun, bevor ich sterbe? Heiraten hat ungefähr denselben Rang wie eine Kanu-Tour auf dem Amazonas.

Liegt in der späten Entscheidung für eine Hochzeit etwas Resignatives? Mag sein. Spätestens bei der Hochzeitsfeier, die auch Nicht-Promis wie ein TV-Event inszenieren, übertönt der Auspuff des rosa Cadillac und das „I will always love you“ der Whitney-Houston-Imitatorin derartige Gedanken.

Dass Beziehung auch bedeutet, Belastungen gemeinsam durchzustehen, ist vielen Paaren trotz jahrelangem Trainingslager in der gemeinsamen Wohnung nicht bewusst.

Ohne Zweifel gibt es Krisen und Vertrauensbrüche, die sich nicht mit dem Hinweis „Das muss eine Partnerschaft aushalten" wegwischen lassen. Gleichwohl zerbrechen viele Beziehungen schon, bevor es zum ersten Seitensprung gekommen ist: weil der Partner zu lange arbeitet, zu kurz zuhört, zu viel fernsieht, zu wenig redet, zu oft Migräne hat und zu selten seine Tantra-Kenntnisse anwendet. Die Fähigkeit, Enttäuschungen auszuhalten, hat nachgelassen. Zugleich ist die Zahl der Entscheidungen – und damit auch der potenziellen Konfliktherde im gemeinsamen Haushalt – gestiegen: Du mit mir nach München oder ich mit dir nach Köln? Du Vollzeit, ich Teilzeit oder umgekehrt? Die Partnerschaft ist ein permanenter, kräftezehrender Aushandlungsprozess geworden, auch deswegen, weil der Arbeitsmarkt eher Flexibilität als Bindungswillen belohnt.

Viele Ehen enden vor dem verflixten siebten Jahr, oft gibt das erste Kind der Beziehung einen unerwarteten Knacks. Der Nachwuchs schweißt zusammen, zugleich fällt es jungen Eltern schwer, sich an das Prickeln des Anfangs zwischen durchwachten Nächten am Babybett und Überstunden im Büro zu erinnern.

Das ideale Mischungsverhältnis aus Gefühl, Begehren und Tugend gerät in besonders anstrengenden Lebensphasen durcheinander. Aufregender Liebhaber, erfolgreicher Ernährer, vorbildlicher Windelwechsler, treusorgende Mutter, taffe Wiedereinsteigerin, unwiderstehlicher Vamp – alles gleichzeitig zu sein muss zwei Personen überfordern. Wer sich von der Werbewelt unter Druck gesetzt fühlt und sein Nachtleben deshalb krampfhaft um altindische Sexualpraktiken bereichert, lässt sich zu Unrecht ein schlechtes Gewissen einreden. Selbstvorwürfe sind dann angebracht, wenn ich den Partner verletze, nicht aber, wenn ich einem von wem auch immer propagierten Idealbild nicht entspreche.

Ein gut trainiertes Gewissen flüstert manchmal schlicht: „Diese schwierige Zeit geht vorbei". Es souffliert damit keine leere Durchhalteparole, sondern macht bewusst, dass es Wertvolles zu bewahren gibt.

Wie aber lässt sich das Gewissen trainieren? Wer mit dem seelischen Muskelaufbau bis zur ersten großen Krise wartet, kommt zu spät. Um den Zauber des Anfangs zu bewahren, lohnt es sich, die Gewissheiten des Anfangs regelmäßig zu formulieren. Beziehungskrafttraining heißt, zunächst sich selbst, dann seinem Partner ebenso deutlich wie ehrlich zu sagen, dass man ihn liebt und warum man mit ihm zusammen ist – ohne Wenn und Aber, ohne Aufrechnen von Plus- und Minuspunkten. In solchen Momenten sollte ausschließlich von den Stärken des anderen die Rede sein. Diese Haltung macht stark in belastenden Situationen.

Der Wissenschaftsjournalist Bas Kast erzählt in seinem Buch „Die Liebe und wie sich Leidenschaft erklärt" ein Beispiel dafür, wie unterschiedlich Paare ein und dieselbe Situation wahrnehmen: Ein Mann will seine Frau mit einem romantischen, selbst zubereiteten Abendessen überraschen. Um sieben Uhr sollte sie eigentlich da sein, es ist alles vorbereitet. Er wartet und wartet, schließlich schaltet er enttäuscht den Herd aus und trinkt den Wein allein. Um kurz vor neun kommt sie endlich. Wie reagiert der verärgerte Partner? Sagt er sich: „Typisch! Nie kann man sich auf sie verlassen"? Oder denkt er bei aller Enttäuschung: „Ich habe zwar nachgefragt, wann sie nach Hause kommt, aber sie wusste ja nicht, dass ich sie überraschen wollte"? Versetzt er sich in ihre Situation oder bleibt er in seiner Sicht gefangen?

Wer zunächst die Stärken des Partners im Blick hat, wird dazu neigen, mildernde Umstände gelten zu lassen. „Unglückliche Paare vergelten Negatives mit Negativem", schreibt Kast. Bei glücklichen Paaren steigert sich der Ärger dagegen nur selten bis zur Wut oder Verachtung. Wenn ich den Partner ständig mit meinem Bild von ihm konfrontiere und jede Abweichung als persönliche Beleidigung empfinde, bin ich nicht mehr in der Lage, ihn in einem positiven Licht zu sehen. Genau auf diese Fähigkeit aber kommt es an. Das Gewissen lässt Streit zu, es zwingt nicht zur rosaroten Brille, es hält jedoch dazu an, das Ärgernis als Ausnahme zu bewerten. Sie hat sich eben verspätet, weil ihr etwas dazwischen gekommen ist, nicht weil sie alles andere wichtiger nimmt als die Beziehung.

Wenn die vorwurfsvollen Wortkombinationen „Du bist ja sowieso immer …" oder „Du machst ja ohnehin nie …" aus dem Vokabular gestrichen sind, hat Abwertendes keine Chance. Nur mit dieser Ächtung des Verächtlichmachens kann Streiten konstruktiv sein. Ansonsten geht die Wertschätzung füreinander verloren.

Das Gewissen betont das Positive am anderen, nicht das Perfekte. Es schützt davor, sich vom Perfektionswahn entmutigen zu lassen und es ermuntert zugleich zu einer Liebe, die aufs Ganze, aber nicht auf Nummer sicher geht. Aufs Ganze bedeutet gerade nicht, mit dem potenziellen Liebsten eine Übereinstimung von 99,9 Prozent in der Profilanalyse einer Partnervermittlung anzustreben. Es bedeutet, sich ganz auf den anderen einzulassen zu können.

Liebe ist anspruchsvoll, aber sie legitimiert keinen Besitzanspruch. Der französischen Philosoph Gabriel Marcel spricht von einem Akt der „Selbstübereignung". „Du gehörst mir!", das wäre Treue, die fesselt. „Ich gehöre dir", ist Treue, die unabhängig macht. So verstanden, gibt das gute Gewissen das Signal: Ich muss nicht auf die 99 anderen Kandidaten verzichten, ich schenke mich dem einen. Ich muss nicht diesem einen treu sein, ich darf.

Verhüt's Gott! – Der Sex, der Papst und die Paare

Die Welt ist oversexed: in den Vorabend-Soaps wälzen sich Teenies leidenschaftlich auf der Sofalandschaft, Werbung für Eis am Stiel spielt mit heißen Zungenküssen, Grundschulkinder laden Porno-Videos aufs Handy, Rapper machen sich einen Reim auf Analverkehr und Sado-Maso-Praktiken. Der Vatikan wird als altmodische Regulierungsbehörde für Sexualangelegenheiten nicht einmal mehr bekämpft, sondern allenfalls belächelt. Sex ist heute öffentlich allgegenwärtig und zugleich reine Privatsache. Warum sollte da noch jemand das Recht haben, nach Unreinheiten zu fahnden? Jeder wie er mag, mit wem er mag, im Rahmen des gesetzlich Erlaubten. Mehr Regulierung braucht keiner. Was zwei miteinander frei aushandeln, geht niemand anderen etwas an, lautet das Grundgebot der sexuellen Verhandlungsmoral.

Oder doch? Sexualmoral muss nicht jene Ansammlung von Verboten und Strafen sein, als die sie Jahrhunderte lang vor allem von der katholischen Kirche verstanden wurde. Lustfeindlichkeit ist gewiss nicht im Sinne des Erfinders. Sex ist ein Ausdruck von Lebenslust und Lebenskraft. Mehr noch: Er ist die Körpersprache der Liebe. Und Liebe enthält das zentrale Versprechen: Ich werde dich niemals nur benutzen. Auch nicht, wenn du damit einverstanden bist.

Sex wird im allgemeinen Sprachgebrauch meistens in Analogie gesehen zu Hunger oder Durst, als ginge es allein darum, ein Bedürfnis zu befriedigen. Wäre dem so, wäre Moral hier tatsächlich überflüssig. Doch das Verlangen richtet sich, anders als beim knurrenden Magen, eben nicht auf einen Gegenstand, sondern auf einen anderen Menschen.

Das Davonschleichen nach dem One-Night-Stand, das unverbindliche „Ich ruf dich mal an“ am Morgen danach hat die Natur eigentlich nicht vorgesehen. Sex ist, auch wenn die praktische Erfahrung oft dagegen spricht, auf eine dauerhafte Beziehung angelegt. Immerhin kann das Verbindendste überhaupt – ein Kind – daraus hervorgehen.

Sexualmoral vom alten Schlag stellt den körperlichen Intensivkontakt wenige Stunden nach dem Kennenlernen unter Strafe. Wer sich in den fünfziger Jahren nach dem Sex vor der Hochzeitsnacht bang die Frage stellte: „Ich durfte das doch, oder?“, konnte sich die Antwort der Kirche selbst geben: „Sex vor der Ehe – nein, nirgends, nie“. Je nach Pfarrer wurde die Sünde mit der Auflage, einen schmerzhaften Rosenkranz zu beten, vergeben oder das Bußsakrament endete vorzeitig durch Rauswurf aus dem Beichtstuhl.

Eine zeitgemäße Sexualmoral wirft statt des kategorischen Neins die Gegenfrage ein: Willst du das wirklich oder hast du nicht etwas Besseres verdient als eine bloße Triebabfuhr, die dich letztlich allein zurücklässt? Es drohen keine Höllenqualen mehr, es droht ein vermindertes Glücksniveau. Eine ziemlich hohe Strafe in einer glückshungrigen Gesellschaft.

Der katholischen Kirche ist es nicht gelungen, den Sinn ihrer rigiden Moral verständlich zu machen. Sie hat zu lange auf Gehorsam vertraut und war zu wenig bemüht, zu überzeugen. Tatsächlich ist der christliche Glaube mitnichten körperfeindlich. Sexualität hat aus kirchlicher Sicht eine dreifache Bedeutung: die Erfahrung von Lust, die Bestätigung der Beziehung und die Offenheit für neues Leben. Wer diese Trias auseinanderreißt, degradiert Sex zur unwürdigen Verrichtung.

Lust nicht ohne Beziehungspflege, Beziehung nicht ohne Fortpflanzung – eine scheinbar hoffnungslos altmodische Forderung in einer Zeit, in der Sex von Liebe und vom Kindersegen problemlos abgekoppelt werden kann.

Dennoch ergibt ihre Einheit Sinn: Sex ohne tiefere Gefühle mag zunächst das Ego bestätigen, wer nicht liebt und geliebt wird, verliert sich jedoch auf Dauer. Liebe ist, so noch einmal der Soziologe Niklas Luhmann, eine Form der Selbstdarstellung. Nirgends sonst erlebt sich der Mensch als derart einzigartig. Wer es schafft, Lust, Liebe und neues Leben zu verbinden, erlebt ein einzigartiges Glück.

Und Sex ohne Kinderwunsch – darf das sein? Der Vatikan gibt eine eindeutige, wenn auch nicht widerspruchsfreie Antwort: auf Dauer nicht, zeitweise schon, aber wenn überhaupt, dann nur auf Basis der natürlichen Verhütungsmethode.

In der medialen Erregung über das Verbot von Pille und Kondom geht meistens verloren, welches Anliegen dahinter steht. Familienplanung, oder wie es seit dem zweiten Vatikanischen Konzil heißt „verantwortliche Elternschaft", soll nicht allein einem Partner aufgebürdet werden. Ein Verhütungsmittel, das den verbalen Beitrag des Mannes auf die Frage „Hast du deine Pille genommen?" beschränkt, ist zwar bequem, aber frauenfeindlich. Partner, die mit der natürlichen Methode verhüten, reden miteinander – so zumindest die Idealvorstellung. Allerdings fordert diese Methode von der Frau eine so exakte Körperbeobachtung, dass das Wort „natürlich" unangebracht ist. Es ist eine künstlich vermittelte Natürlichkeit.

Der Vatikan muss sich zudem fragen lassen, worin die moralische Überlegenheit einer Methode bestehen soll, die, genauso wie Pille und Kondom, darauf abzielt, ein Kind möglichst auszuschließen. Eine moderne Sexualmoral sollte Paaren, die Kinder grundsätzlich bejahen, die Freiheit geben, über die für sie richtige Empfängnisverhütung zu entscheiden. Wer die partnerschaftliche Verantwortung ernst nimmt, für den kommt die Pille als Dauerlösung ohnehin nicht in Frage, aber es kann Phasen geben, in denen sie angemessen ist.

Die Kirche sollte Respekt vor der Lebenserfahrung ihrer Gläubigen aufbringen. Die meisten katholischen Christen nehmen das Verbot ohnehin nicht an. Das Sündenbewusstsein hat sich abgenutzt. Die kirchliche Weisung ist irrelevant geworden. Die Sexualmoral treibt nicht einmal mehr linke Katholiken auf die Barrikaden, sie dient allenfalls noch als Projektionsfläche für pauschale Kirchenkritik von außen.

Dem Lehramt kann dieser Autoritätsverlust nicht gleichgültig sein. Die Versuche, diesen Schwund mit einem Appell an die Gehorsamspflicht zu überspielen, sind zum Scheitern verurteilt. Die Gläubigen nehmen ihr Gewissen als Maßstab.

Die Kirche hat in Fragen von Partnerschaft und Sexualität ihre hohe moralische Kompetenz, die ihr in vielen anderen Lebensbereichen noch immer zugestanden wird, eingebüßt. In der Öffentlichkeit steht Mutter Kirche nicht einmal mehr als strenge Gouvernante da, sondern als schrullige betagte Tante, die sich ungefragt in Dinge einmischt, von denen sie nichts versteht. Für eine Morallehre, der Folge geleistet werden soll, ist dieser Bedeutungsschwund eine Niederlage. Aber muss die Moral in dieser Frage unbedingte Gefolgschaft erwarten – notfalls auch ohne eigene Einsicht in den Grund des Verbots, allein aufgrund der Autorität der Instanz, die das Verbot ausspricht? Kein Geringerer als Papst Benedikt XVI. hat seit seinem Amtsantritt wiederholt gefordert, die kirchliche Lehre zur Sexualität und Liebe nicht primär an Verboten auszurichten. Es geht nach den Worten des Papstes vielmehr um ein großes Ja – ein Ja zur Freude, ein Ja zur Lust, ein Ja zum Leben – zum eigenen Leben, zum Leben des Partners, zum Leben der Kinder. Eine solche Moral der Ermutigung zum Leben wird auch auf dem Gebiet der Sexualität nicht ohne Grenzziehungen auskommen. Aber sie zieht Grenzen nicht zu früh. So gewinnt sie den Spielraum für eigenverantwortliche Gewissensentscheidungen, die ein Paar entsprechend seiner jeweiligen Lebensumstände trifft. Eine wasserdichte Empfängnisverhütung, die auf den systematischen Ausschluss von Kindern zielt, beraubt die Liebe einer wesentlichen Dimension. Aber Familienplanung, die Rücksicht nimmt auf die Lebenssituation der Frau, die Mitverantwortung des Mannes und die Bedürfnisse der schon geborenen Kinder, ist selbst ein Dienst am Leben.

Das Spiel ist aus, aus, aus – Von Seiten- und Absprüngen

„Vor der Hochzeit hatte sie fest geglaubt, Liebe zu ihrem Karl zu empfinden. Aber als das Glück, das sie aus dieser Liebe erwartete, ausblieb, musste sie sich doch getäuscht haben. So dachte sie. Und sie gab sich Mühe, zu ergrübeln, wo eigentlich in der Wirklichkeit all das Schöne sei, das in den Romanen mit den Worten Glückseligkeit, Leidenschaft und Rausch so verlockend geschildert wird". Glückseligkeit, Leidenschaft und Rausch findet die junge Mutter zeitweise bei Rodolphe. Sie verschuldet sich, um teure Geschenke machen zu können. Der Geliebte lässt sie trotzdem sitzen. Die Verlassene tröstet sich mit Léon, den sie schon lange als Seelenverwandten empfindet. Als die Schulden sie in den finanziellen Ruin treiben, nimmt sie sich das Leben. Dem braven Gemahl hat sie ihre Affären nie gebeichtet. Erst nach ihrem Tod erfährt er davon. Er stirbt an gebrochenem Herzen. Die gemeinsame Tochter stürzt emotional wie sozial ins Bodenlose.

Gustave Flaubert, Autor dieser weltbekannten Geschichte über Emma Bovary und ihren Gatten Karl, stellt den Seitensprung offenbar unter Todesstrafe. Die Liaison dangereuse ließ die Leser in den fünfziger Jahren des 19. Jahrhunderts erschauern. Diesem Luder geschehe ganz recht, donnerten die Moralisten. Wer seinen treusorgenden Ehemann derart hintergehe, nur weil er ihr nicht die Liebe wie ihm Roman bieten kann, habe keine Gnade verdient.

Doch Flauberts verführerische Erzählkunst weckte auch Sympathien für Emma Bovary. Hat die junge Frau nicht ein Recht darauf, ihre Träume leben zu dürfen? Soll sie ihr Leben lang für die falsche Partnerwahl bezahlen? Nimmt nicht das enge Moralkorsett die Luft zum Leben und Lieben?

Arztgattin Emma hätte heute gute Chancen, diverse Seitensprünge zu überleben. Sie wäre vermutlich ein Jahr nach der Geburt von Berthe wieder in den Beruf eingestiegen, sie könnte den Liebhaber mit eigenem Geld aushalten. Eine eigene Wohnung wäre auch drin, falls der Lover doch nicht mit ihr zusammenziehen will. Sie könnte die Haushaltskasse mit Talkshow-Geständnissen à la „Ich bin zu schade für nur einen" aufbessern oder ganz diskret eine Paartherapie mit ihrem Mann versuchen. Gesellschaftlich akzeptiert wäre alles.

Zu Zeiten Madame Bovarys gehörte es zu den Regeln des Umgangs miteinander, dass der Ehepartner eines anderen als Objekt der eigenen Begierde nicht in Frage kam. Diese Grenze wird heute als überflüssige Einengung empfunden. Seitensprünge werden noch immer verheimlicht, allerdings eher aus pragmatischen Gründen als unter dem Druck einer übermächtigen Moral. Mit der festen Freundin des besten Freundes zu schlafen – das bleibt für eine deutliche Mehrheit der Deutschen laut demoskopischen Befindlichkeitsbefunden tabu, selbst dann, wenn die Affäre unentdeckt bleibt. Fremdgehen mit Fremden dagegen gehört zu den akzeptierten Freizeitbeschäftigungen, vor allem das Internet hat die Infrastruktur für den Seitensprung erheblich erleichtert. Einschlägige Agenturen raten zwar mit Blick auf die organisatorischen Herausforderungen davon ab, Dauerbeziehungen zu Verheirateten zu riskieren, sie locken aber dennoch gezielt liierte Liebessuchende mit dem Versprechen, den unprickelnden Alltag in einer langjährigen Partnerschaft durch eine Affäre aufzupeppen. In den selbstgewählten Nicknames wie „Geiler Cowboy" bebt der Geschmack von Freiheit und Abenteuer. Welcome im Marlboro Country für ermüdete Ehepartner, sofort anmelden und loslegen mit tabulosem Sex im Postleitzahlenbereich 30000.

Wer mag schon mit missionarischem Drang das siebte Gebot „Du sollst nicht ehebrechen" in einen der virtuellen Kontakthöfe schleudern, wenn Cowboys und Hengste gerade davon träumen, endlich die Missionarsstellung zu verlassen? „Ehebruch" gehört nicht nur im Internet-Jargon zu Kategorie der aussterbenden Wörter.

Tatsächlich gibt die Markierung der Grenze Freiheit. Dass Begehren Tabus kennt, ist gerade die Voraussetzung für einen unbefangenen Umgang zwischen Frauen und Männern. Der Mensch wird damit so frei, eine nicht sexualisierbare Beziehung zur Frau des besten Freundes oder zum Freund der Schwester zu unterhalten.

Nur das Gewissen erkennt, dass Liebe Menschen und Grenzen verletzen kann. Diese Einsicht feit nicht dagegen, sich in jemanden zu verlieben, der schon gebunden ist. Das Gefühl, diesen einen aufrichtig zu lieben, entbindet jedoch nicht von der Verantwortung für den Dritten im Spiel. Das Gewissen kann einem die Frage nicht ersparen, ob das eigene Glück auf dem Unglück dieses Dritten aufgebaut ist.

Die Vokabel „Ehebruch" ist auch deshalb nahezu aus dem Wortschatz verschwunden, weil hier die Verletzung sehr viel deutlicher zum Ausdruck kommt als beim sportlichen „Seitensprung". Wo eine Geliebte, da auch eine Ungeliebte, wo ein Geliebter, da auch ein Ungeliebter. Die Betrogenen spüren diese Degradierung, Außenstehende blenden die schmerzhafte Wahrheit lieber aus. Die Hintergangenen sollen uns bitte nicht zu lange mit ihrem Wehklagen behelligen. Wir haben uns angewöhnt, auch tiefe Wunden, gebrochene Versprechen und missbrauchtes Vertrauen verbal locker-leicht zu verarzten. War doch nur eine Affäre, eine kleine Sache, ist doch ganz normal, kommt in den besten Familien vor. Boris Becker landete ein verbales Ass, als er für seine Aktivität jenseits der Seitenlinie den Tatbestand „Samenraub“ erfand. Sind wir nicht alle Betrogene, irgendwie? Eben.

Wenn das Gewissen den Betrug schon nicht verhindern kann, so kann das schlechte Gewissen wenigstens ein guter Ratgeber für den Morgen danach sein. Gerade weil es besonders wehtut, wenn der Partner woanders seine sexuelle und/oder geistige Erfüllung sucht, muss das Geständnis eines Seitensprungs wohl überlegt sein. Wenn der betrogene Partner nachfragt, führt kein Weg an einer ehrlichen Antwort vorbei. Schöpft er noch keinen Verdacht, gibt es gute Gründe, das Geheimnis für sich zu behalten, wenn es ein einmaliger Fehltritt war und man selbst den unbedingten Wunsch empfindet, die Beziehung zu erhalten. Schweigen ist auf jeden Fall besser als ein jähes Geständnis, das dem Partner signalisiert: „Ich habe jetzt alles gebeichtet, nun bist du an der Reihe mit dem Neuanfang.“ Soll doch der andere sein Gewissen bemühen, heißt das.

Hat der hintergangene Partner die Wahrheit erfahren, gerät der Ertappte in eine Situation der Ausweglosigkeit, der Unfreiheit. Er muss um Vergebung bitten und darauf hoffen, dass der andere dazu bereit ist. Es gibt jedoch keine Pflicht des Liebenden, alles zu verzeihen. Vergebung ist ein Geschenk, auf das man keinen Anspruch hat.

Zu einer dauerhaften Bindung gehören, wie im vorangegangenen Kapitel gezeigt, Phasen, in denen einer viel investiert und wenig zurückbekommt. Das lässt sich eine Zeit lang aushalten. Wenn jedoch einer ständig der Betrogene ist und permanente Demütigungen aushalten muss, dann kann es richtig sein, den Partner zu verlassen. Es gibt Situationen – mit und ohne Dritte im Bunde – in denen ich zwischen der Treue zum anderen und der Treue zu mir selbst entscheiden muss. Diese Entscheidung kann mir niemand abnehmen. Nicht der Staat, nicht die Kirche.

Anders sieht die Lage in moralischer Sicht aus, wenn nicht das Gefühl der Demütigung durch viele Seitensprünge oder eine permanent unerwiderte Liebe der Trennungsgrund ist, sondern das Streben nach Gewinnmaximierung. Wer die Familie verlässt, weil er oder sie mit 40 Lust auf einen Neubeginn verspürt, bleibt weder sich selbst noch dem einst geliebten Menschen treu.

Niemand hat das Recht, den „inneren Gerichtshof" in einen öffentlichen Prozess umzuwandeln. Über die „Ehebrecher" im Bekanntenkreis zu richten, steht keinem zu. Das Gewissen kommt ohne Besserwisserei aus. Es inspiriert dazu, den Schmerz der Betroffenen ernst zu nehmen. Der Moralapostel zeigt auf den Betrüger. Wer wirklich moralisch handelt, nimmt die Betrogenen an die Hand. Echte Freunde halten es zum Beispiel aus, wenn die Phase von Wut und Verletzung lange dauert. Sie nehmen es hin, dass ein gemeinsames Essen mit dem Ex- wie aktuellen Gefährten auch Jahre nach der Trennung unmöglich bleibt.

In Flauberts Gesellschaft wurde eine heile Fassade aufrecht erhalten, auch wenn einer oder beide Eheleute fremdgingen. Heute besteht die Fassade darin, mit Beziehungskatastrophen möglichst unerschüttert umzugehen. Die Beschleunigung des Lebens hat längst auch das Entlieben erfasst: Eine Scheidung soll möglichst schnell ablaufen, die Getrennten sollen in Freundschaft verbunden bleiben, die Kinder bitte locker die Trennung der Eltern wegstecken und das ganze unter Krisenmanagementerfahrung als soft skills im Lebenslauf verbuchen.

„Es ist aus" per SMS gilt unter Jugendlichen als vollkommen in Ordnung, ältere Semester organisieren ein nettes Trennungsritual oder eine Scheidungsparty. Für jene, die unter einer Trennung ernsthaft leiden, sind solche Bewältigungsstrategien eine Zumutung. Gerade, wenn einer sich in einer neuen Beziehungskonstellation eingerichtet hat, fühlt sich der andere besonders getroffen. Dem Verlassenen muss es erlaubt sein, so schockiert, aufgebracht und traurig zu sein, dass er nicht die geringste Lust verspürt, auf einer als Scheidungsfete getarnten Ü-40-Party gut gelaunt zur Musik der Achtziger die Fühler zum neuen Patchwork-Glück auszustrecken.

Das Gewissen entschleunigt diesen Prozess. Es ermutigt zunächst dazu, dem Partner viele Chancen zu geben. Wenn er sie trotzdem nicht nutzt, stellt sich schließlich die Frage, ob die Beziehung nicht wenigstens wegen der Kinder erhalten bleiben sollte. Der Satz „Die bleiben doch nur den Kindern zuliebe zusammen“ wird oft abschätzig ausgesprochen, als seien die Eltern nicht fähig, sich im Supermarkt der Möglichkeiten zeitgemäß zu bedienen. Tatsächlich verdient eine solche Entscheidung Respekt statt Hohn. Es kann sein, dass Kinder in Loyalitätskonflikte geraten, wenn ihre Eltern die Ehe nur noch auf dem Papier aufrecht erhalten, wenn es ihnen nicht einmal gelingt, alltäglich Absprachen ohne Streit zu meistern.

Psychologen berichten gleichwohl, dass die meisten Trennungskinder auf die Frage: „Wenn du drei Wünsche frei hast, was hättest du gern?“ spontan antworten: „Dass Papa und Mama wieder zusammenkommen.“ Kinder bewerten offenbar die Tatsache, beide Elternteile um sich zu haben, sehr hoch, höher jedenfalls, als Erwachsene glauben. Auf Dauer reicht der Wunsch, lediglich als Eltern zusammenzubleiben, für eine Paarbeziehung nicht aus. Dennoch sollten gewissenhafte Freunde des Krisenpaares das Zusammenbleiben „der Kinder zuliebe“ nicht von vornherein als verlogene Idylle aus vergangenen Jahrhunderten abtun.

„Ein kleiner Klaps hat noch keinem geschadet" – Von Erziehungsfällen und Beziehungsfallen

Eltern lassen sich in den Mehrzweckhallen der Republik von Erziehungsgurus ihr Kind erklären, sie organisieren Babysitter, um abends in Programmen wie „Triple P" und „Starke Eltern – starke Kinder" Deeskalationsmethoden für den Kampf ums Zu-Bett-Gehen zu trainieren. Sie schalten ein, wenn im Fernsehen die Normans und Jennys aus dem Marzahner Plattenbau als Mini-Monster präsentiert werden, um sich zu vergewissern, dass die eigenen Leons und Laras doch ganz gut geraten sind.

Erziehen ist von einer höchst menschlichen zu einer nahezu übermenschlichen Aufgabe geworden. Ob Stillen oder Stillsitzen, Töpfchentraining oder musikalische Früherziehung – um jedes Verhalten, jeden Entwicklungsschritt rankt sich eine wissenschaftliche Kontroverse. Gestillte Kinder haben seltener Allergien; Kinder, die früh sauber sind, kommen in der Schule besser zurecht. Oder umgekehrt. Ob Salz im Essen, Plasik- oder Glasfläschchen, Geha oder Pelikan – aus einst pragmatischen Fragen sind moralische geworden, überall können Eltern sich folgenschwerer Versäumnisse schuldig machen. Soweit die mediale Wahrnehmung.

Wie Mütter und Väter ihre Lage einschätzen, haben im vergangenen Jahr gleich mehrere interessierte Institute erforscht – mit uneinheitlichem Befund. Die Konrad-Adenauer-Stiftung präsentierte eine Untersuchung mit dem Titel „Eltern unter Druck". Demnach ist fast ein Drittel der Eltern überfordert, weit mehr fühlen sich verunsichert durch die Erwartungen der Gesellschaft an die Erziehungsberechtigten. Die Studie „Eltern 2008" im Auftrag einer Zeitschrift gab wenige Monate später Entwarnung. Immerhin erklärten 47 Prozent der Zielgruppe, klare Vorstellungen von Erziehung zu haben und diese auch umzusetzen; nur fünf Prozent der Befragten gestanden, schon einmal Profis zu Hilfe geholt zu haben.

Ein Zusammenhang ist trotz verwirrender Ergebnisse offenkundig: Je weniger Kinder zur Welt kommen, desto mehr Familienstudien werden in den Köpfen geboren. Je weniger selbstverständlich Kinder sind, desto mehr Erklärungsbedarf erzeugt Erziehung.

Familie ist nicht mehr die biologische und ökonomische Zweckgemeinschaft früherer Jahrhunderte. Nicht einmal konservative Politiker sprechen noch von der „Keimzelle der Gesellschaft". Auch die Angriffe von links gegen die „heimische Hölle", die genetische Zwangsvereinigung, die Qualverwandtschaft sind verstummt. An die Stelle der alten Familien- und Anti-Familienideologien sind neue, widersprüchliche Wahrnehmungen getreten: Kinder sind ein Armutsrisiko, rechnen Statistiker regelmäßig vor; zugleich zeigen uns gebärfreudige Supermodels, die fröhlich ihre High-Tech-Buggys in den Gucci-Kids-Shop schieben: Kinder machen reich. Vor allem die Mittel- und Oberschicht hat das Kind als Statussymbol entdeckt, das man sich leistet. Wenn Partner, Job und eine große Wohnung gefunden sind, komplettiert der Nachwuchs das Lebensprojekt. Kinder werden erwartet und mehr als das: Sie werden geplant.

Das rationale Vorgehen wird – ähnlich wie die Partnersuche – getrieben von irrationalen Wünschen. Seit Familie keine traditionell bewährte Lebensform mehr ist, sondern eine bewusst gewählte, wächst die Neigung, dem Leben mit Kindern eine bewusstseinserweiternde Wirkung zuzusprechen: Der kleine eigene Kosmos mit der Sonne Kind wird zum Gegenentwurf zur kalten Welt, der Sohn oder die Tochter zum letzten Abenteuer einer durchgerechneten Existenz.

Kinder sind tatsächlich irgendwie aus der Zeit gefallen: Sie binden ein Leben lang. Sie weinen, wenn sie schon wieder von den Freunden in eine andere Stadt wegziehen sollen, sie machen verletzlich. Und das in einer Umgebung, die Flexibilität, Mobilität und cooles Emotionsmanagement honoriert. Die Familie steht deshalb unter Spannung: Sie ist einerseits das Kleinunternehmen, das mit guter Zeit- und Krafteinteilung, mit Kita, Tagesmutter und Kinderfrau von dem Makel befreit werden muss, unvereinbar mit dem Erwerbsleben zu sein; sie ist andererseits der Rückzugsraum, in dem die böse Welt außen vor bleibt. Das Kind wird mal als Gesamtkunstwerk bestaunt, mal als defizitäres Wesen allerlei Optimierungsmaßnahmen unterzogen. Wer auf den ersten Schrei des Nachwuchses wartet, kann dem Dernier Cri auf dem Buchmarkt kaum entgehen. Kinder, die im Mutterleib Mozart gehört haben, schaffen später das bayerische G-8-Abitur, wer in einem nach Feng-Shui Prinzip eingerichtet Kinderzimmer aufwächst, hält als Erwachsener jeden Manager-Stress aus. Erziehen heißt, so wird suggeriert, in jeder Situation alles richtig zu machen.

Dankbar munitionieren sich ambitionierte Eltern mit Tipps, wie sie reagieren sollen, wenn sich ihr Kind im Supermarkt vor dem Regal mit den Überraschungseiern schreiend auf den Boden wirft. Im Fernsehen lassen sich Mütter per Funkverbindung zur TV-Super-Mama jene Sätze soufflieren, mit denen sie den kreischenden Sechsjährigen endlich ins Hochbett bugsieren. Die Sammlungen sehr konkreter Problemlösungen in Wort und Bild verführen dazu, neben den kleinen Alltagsfragen auch echte Gewissensentscheidungen an den pädagogischen Profi zu delegieren. Höchstpersönlich sollten Entscheidungen dann sein, wenn sie moralische Prinzipien, also die Einsicht in Gut und Böse, betreffen. Das Verhältnis zur Wahrheit müssen Eltern vorleben, es ist nicht delegierbar. Dass aber die Kleine nicht im Nachthemd im Kindergarten erscheinen sollte, ist keine Gewissensfrage, sondern eine kulturelle Konvention, die auch von anderen vermittelt werden kann. Erziehung bedeutet auch, sich als Eltern diesen Unterschied zwischen Prinzipien und Konvention immer wieder bewusst zu machen.

Erziehungsstil ist eine Frage des Lebensstils geworden. Wer auf dem neuesten Stand ist, wer mitreden kann über die verschiedenen Frühförderansätze in kostspieligen Elite-Kindergärten, grenzt sich zudem sozial von der Unterschichten-Mutter ab, die auf die nächste Kita angewiesen ist. Bis in die neunziger Jahre trug man Rousseausche Naturfarben, sogar Nicht-Christen glaubten, dass Kindern das Himmelreich gehöre und für die Erde sang Herbert Grönemeyer „Kinder an die Macht". Seit einigen Jahren – mutmaßlich in direkt proportionalem Zusammenhang zum steigenden Lärmpegel in deutschen Klassenzimmern – reüssieren Titel auf dem Markt, die Autorität postulieren. Den Anfang machte Jan-Uwe Rogge mit „Kinder brauchen Grenzen", gefolgt von Bernhard Buebs „Lob der Disziplin" und schließlich Michael Winterhoffs Streitschrift „Warum unsere Kinder Tyrannen werden".

Sie alle fordern eine Abkehr von einem Erziehungsstil, der dem Kind suggeriert: Du bist gut, du bist lieb, du hast immer Recht und zur Not schalten wir einen Anwalt ein, damit du in der Mathe die Zwei plus bekommst, die dir zusteht. Und wenn du dem Nachbarn die Couch ruinierst, zahlt das unsere Haftpflicht.

Einerseits ist kein Mensch von sich aus höflich, pünktlich, verlässlich, gewaschen und gekämmt, andererseits brauchen wir diese Tugenden, um überhaupt miteinander leben zu können. Schon der Zweijährige muss lernen, dass sein Wille nicht das Maß aller Dinge ist.

Gewissenhaft erziehen bedeutet jedoch, nicht nur richtig, sondern gut handeln zu wollen. Der Grundgedanke einer Erziehung mit gutem Gewissen ist so unspektakulär, dass er gegen die bestsellernden Extrempositionen, die ungefiltert reproduziert werden, auf dem Markt schlechte Chancen hat: Maß halten und wahrhaftig bleiben.

Kinder haben ein Recht auf grenzenlose Liebe, und sie haben ein Recht auf Grenzen. Das verlangt von Eltern Konsequenz und, wenn Grenzen überschritten werden, spürbare Konsequenzen. Das Kind ist kein Partner, der sich auf meine Anzeige im Internet beworben hat. Es gleicht keine Profile ab und sagt dann: Das passt schon mit uns. Ein Kind liebt seine Eltern bedingungslos. Für viele Erwachsene ist es eine völlig neue Erfahrung, auf Selbstmarketing verzichten zu dürfen, um die Liebe eines anderen nicht werben zu müssen. Sie müssen erst lernen, dass sich bei einem Nein das Kind nicht wie ein beleidigter Lover oder ein enttäuschter Geschäftspartner zurückzieht.

Deals wie „Wenn du jetzt das Fernsehen ausmachst, darfst du morgen eine halbe Stunde länger Nintendo spielen" zerstören dieses einzigartige Verhältnis. Sie reduzieren die Liebesbeziehung zum Kind auf ein Tauschgeschäft. Liebe heißt jedoch auch: Ich handle jetzt so und nicht anders, weil du es so möchtest. Dir zuliebe eben.

Das Wissen über die bedingungslose Liebe des Kindes gibt Erwachsenen keineswegs das Recht, unter dem Vorwand „Mir zuliebe" ständigen Gehorsam zu erzwingen. Das Gewissen ermutigt uns, in der konkreten Situation zu unterscheiden: Wann ist es sinnvoll, mit dem Kind zu diskutieren? Und wann mute ich, womöglich um mich selbst besonders demokratisch zu fühlen, dem Kind eine Entscheidung zu, die es in seinem Alter gar nicht treffen kann? Wann darf ich erwarten, dass es „hört"? Am Frühstückstisch kann ich darüber diskutieren, ob Marmelade oder Käse aufs Brot soll, vor dem Kleiderschrank kann ich gemeinsam mit der Tochter überlegen, ob sie heute zu pink oder grün greifen soll. Am Zebrastreifen können basisdemokratische Prozesse tödlich sein. Da muss die einfache, ohne Begründung erteilte Anweisung „Bleib bitte sofort stehen!" genügen.

Das „Mir zuliebe" verschleißt sich, wenn Eltern bei Forderungen und Verboten das Maß verlieren. Ich darf ein Kind ebenso wenig wie den Partner meinem Wunschbild angleichen. Eltern haben die Verantwortung, die Talente des Kindes zu entdecken und zu fördern, auch wenn sie lieber Omas Querflöte reaktivieren möchten statt der Tochter ein Schlagzeug zu mieten. Nur wenn es sich ausprobieren darf, wird sich ein Kind seiner selbst bewusst.

Nicht alles, was das Kind macht, ist jedoch Ausdruck einer bislang unentdeckten Begabung. Bisweilen neigen Eltern dazu, für die Kritzelzeichnung des Zweijährigen auf der Tapete den Museumspädagogen zu Rate zu ziehen und die Siebenjährige, die den Unterricht stört, umgehend auf Hochbegabung testen zu lassen. Auch wenn es besonders liebevollen Eltern schwerfällt: Strafen dürfen sein, vorausgesetzt, sie sind angekündigt und stehen in einem vernünftigen Verhältnis zur „Tat". Ein Fernseh- oder Internetverbot ist angemessen, wirkt allerdings wenig glaubwürdig, wenn Eltern selbst die Freizeit hauptsächlich vor dem Bildschirm verbringen. Es ist auch geboten, nach einem Ladendiebstahl, der vom Personal unentdeckt geblieben ist, das Kind dazu zu bewegen, die Ware zurückzubringen und um Entschuldigung zu bitten.

Das Kind zu schlagen, muss in jeder Situation tabu bleiben. Der Satz „Ein kleiner Klaps hat noch keinem geschadet" fällt in der Öffentlichkeit nicht mehr. Im privaten Umfeld, wo die pädagogische Korrektheit weniger zählt, wird er noch ausgesprochen. Die Binsenweisheit verweist in jene angeblich gute alte Zeit, als Wörter wie Aufmerksamkeitsdefizitsyndrom noch nicht erfunden waren. Prügel als beste Ergotherapie – diese verzerrte Wahrnehmung beruhigt das Gewissen mit Selbstbetrug. Verbale Gewalt, etwa der Satz „Du bist doch das Allerletzte" gehört ebenso aus dem Wortschatz gestrichen. Wer Kinder beim Aufwachsen begleitet, darf sie nicht niedermachen.

Auch bei der Wiederentdeckung der Disziplin sollte also gelten: Maß halten. Zum Schutz der Kinder und für's eigene Ego. Schon bei der ersten Ausnahme fühlen sich Eltern, die alle Ratschläge brav befolgen wollen, als Versager. Das Gewissen bewahrt davor, sich vom Perfektionswahn der Branche erfassen zu lassen. Wer sein Kind, das um neun Uhr abends im Schlafanzug noch einmal ins Wohnzimmer kommt, obwohl eigentlich um acht strengste Bettruhe herrschen sollte, auf den Schoß nehmen möchte, kann das ohne schlechtes Gewissen tun, auch wenn alle Erziehungsratgeber vor Inkonsequenz warnen. Wahrhaftigkeit heißt, auch Schwäche zeigen zu dürfen. Liebe erlaubt, manchmal fünf gerade sein zu lassen.

Der Liedermacher Reinhard Mey beschreibt in einem autobiografisch angereicherten Chanson einen Fall, über den es sich zu streiten lohnt: Ein Junge wagt nicht, den Eltern sein schlechtes Zeugnis zu zeigen. Er unterschreibt es selbst, allerdings so bunt, dass dem Rektor der Betrug sofort auffällt. Der Schulleiter bittet die Eltern zu sich, er freut sich schon sichtlich auf den Triumph über den naiven Pennäler. Doch der Vater erklärt ohne Zögern: „Das ist tatsächlich meine Unterschrift." Auch die Mutter springt dem Sohn bei.

Ein schwerwiegender Erziehungsfehler. Die Eltern machen sich zum Kumpel, ja sogar zum Komplizen ihres Sohnes. Sie decken eine Urkundenfälschung. „Wo bleibt die Moral?", fragt Mey ironisch.

Sie ist da. Die Eltern sind gegenüber dem Lehrer zwar nicht ehrlich geblieben, aber sich selbst und dem Sohn gegenüber wahrhaftig. In dem Moment, als sie am Gesicht des Rektors erkennen, dass dieser an Demütigung und nicht nur an Strafe denkt, schützen sie ihr Kind. Der Sohn erkennt den feinen Unterscheid zwischen blinder und sehender Solidarität. Die Eltern haben sich nicht unbesehen mit ihm gemein gemacht, sie würden vermutlich nicht gegen jede Fünf vor Gericht ziehen, aber sie haben in dieser speziellen Situation das Recht der Moral untergeordnet. Vater und Mutter haben ihm unausgesprochen zu verstehen gegeben: „Wir vertrauen dir und erwarten, dass du unser

Vertrauen nicht missbrauchst." Die Eltern haben gewissenhaft entschieden, nicht schematisch.

Meys Beispiel stammt aus jener fernen Zeit, als die Deutschen Pisa noch ausschließlich für eine italienische Stadt mit einem schiefen Turm hielten. Das Thema Schule ist mittlerweile so politisch aufgeladen, dass kein Liedermacher es wagt, über den Zeugnistag ein paar heiter-besinnliche Zeilen zu verlieren, ohne vorher fünfzig Lernstandserhebungen aus dreißig Ländern konsultiert zu haben. Wo Bildung draufsteht, sind Statusdenken, Abstiegskampf und Globalisierungsangst drin. Jeder Fehler der Eltern, so scheint es, mindert den Marktwert der Humanressource Kind. „Die soziale Mitte in Deutschland ist geradezu in Panik, sie könne für ihre Kinder lebensentscheidende Gelegenheiten verpassen und die Weichen für die künftige Karriere nicht rechtzeitig stellen", analysiert der Göttinger Politikwissenschaftler Franz Walter in seinem Buch „Baustelle Deutschland" die Seelenlage der Mütter und Väter der Nation.

Das gelassene „Es wird schon gehen" der eigenen Eltern klingt für die heute 30- bis 40-Jährigen nach unterlassener Hilfeleistung im Förderwettbewerb. Gerade Gelassenheit ist aber notwendig, um Erziehung wieder zu einer lösbaren Aufgabe werden zu lassen. Gelassen bedeutet mitnichten gleichgültig oder laissez-faire. Gelassen ist, wer trotz des Trommelfeuers der Ratschläge und Expertisen auf die innere Stimme zu vertrauen lernt. Die fragt zum Beispiel: Passt dieses Nein zu mir oder mache ich mich zum Pädagogen-Papagei? Bleibe ich glaubwürdig, wenn ich jetzt die DVD erlaube, die ich seit Wochen verbiete, oder glaube ich nur, so am ehesten meine Ruhe zu haben?

Eine Botschaft sollte, gerade in kritischen Situationen, immer beim Kind ankommen: Wir bleiben bei dir, auch wenn du dich falsch verhalten hast, wir lieben dich, auch wenn wir dein Verhalten nicht akzeptieren. Erziehung ist die Kunst, das Kind so anzunehmen, wie es ist, und es doch zu dem werden zu lassen, der es werden kann.

„Arbeiten Sie doch einfach, wo Sie wollen" – Vater, Mutter, Kind – und Job

„Wenn Sie hier was werden wollen, müssen Sie auch am Wochenende zur Verfügung stehen". So direkt hat der Chef Ihnen das nicht gesagt. Aber wenn Sie sich umschauen, glaubt jeder Kollege, den Rund-um-die-Uhr-Befehl vernommen zu haben. Eine Dienstreise von Freitag bis Sonntagabend? Eine SMS am Samstag: „Bitte bereiten Sie für Montagmorgen eine Präsentation zu unserer neuen Marketingstrategie vor"? Kein Problem, wird erledigt, sagen die Single-Kollegen. Das Blackberry ist ohnehin zu jeder Tages- und Nachtzeit eingeschaltet. Am Anfang haben Sie noch den Kloß im Hals. Wie sag ich's meinem Kinde? Ich hatte doch versprochen, am Sonntag mit dem Kleinen ins Kletterparadies zu fahren. Irgendwann, wenn Sie selbst ein paar Karrierestufen heraufgeklettert sind, meldet sich das schlechte Gewissen seltener. Mein Land braucht mich, das Bruttosozialprodukt hängt von meinem Einsatz ab. Das muss auch das Kind einsehen.

Es gibt viele Berufe, die so viel Zeit kosten, dass sie die Partnerschaft und die Beziehung zu den Kindern belasten. Es ginge zu weit, Menschen mit einem 16-Stunden-Tag dazu zu raten, sich einen Job von 9 bis 5 zu suchen oder andernfalls auf Familie zu verzichten. Gewissenhaft zu entscheiden heißt, sich ohne Selbstbetrug darüber Rechenschaft abzulegen, was wirklich wichtig ist. Familienleben lässt sich nicht auf wenige Stunden am Wochenende beschränken. Auch wer einen anstrengenden Beruf hat, muss den Daheimgebliebenen signalisieren: Die gemeinsame Zeit mit euch ist das Kostbarste und Wertvollste, was ich habe. Das heißt, der Tag sollte so eingeteilt sein, dass die berufstätigen Eltern wichtige Stunden mit den Kindern verbringen. Gemeinsam frühstücken, die Kinder ins Bett bringen, sich abends den Tag erzählen lassen – dafür muss Zeit sein. So lernen Kinder, dass Papa und Mama zwar nicht immer da sind, man sich aber trotzdem auf sie verlassen kann.

Wenn der Nachwuchs zu Hause Stress macht, ist es verführerisch, eine kleine Notlüge anzubringen. Ein kurzes „Komme später" und die kreischenden Kleinen, die vor dem Schlafengehen noch dringend ausprobieren müssen, ob Knete den Abfluss verstopft, stehen auf der To-Do-Liste des Partners. Das abendliche Büro wirkt himmlisch ruhig, das Zuhause, wenn alle endlich schlafen, auch. Das schlechte Gewissen, die schwierigsten Stunden des Tages dem Partner aufgebürdet zu haben, lässt sich leicht mit Arbeit verdrängen.

Solche kleinen Fluchten sind verständlich, sogar verzeihlich, wenn sie die absolute Ausnahme bleiben. Werden sie Gewohnheit, ist die Gefahr groß, dass die Partner einander im negativen Sinne fremd werden. Es ist keine Fremdheit, die den anderen interessant macht, sondern pure Entfremdung. Er bewährt sich in der feindlichen Welt, sie hütet das Heim und nicht einmal am Kinderbett berühren sich die beiden Welten noch.

Die Notlüge lässt dann auf eine emotionale Notlage schließen. Offenbar fehlt die Sehnsucht, nach Hause zu kommen. Die Familienzeit, die heilig sein sollte, ist zur lästigen Pflicht geworden. Für ein richtig gutes Gewissen ist es zu wenig, als Entschuldigung „Ich habe nun mal einen Beruf, der mich erfüllt" zu murmeln. Wer eine Familie gründet, hat auch die Verantwortung, sich Zeit für sie zu nehmen. In guten wie in schlechten Tagen.

Eine gewissenhafte Entscheidung beschränkt sich nicht darauf, eine Stunde irgendwie freizuschaufeln, die Zeit will auch sinnvoll gefüllt werden. Das muss kein teuer erkauftes

Event sein, ein gemeinsames Sonntagsfrühstück, ein Spaziergang, ein gemeinsames Computerspiel ohne Stundenplan und Terminkalender sind wesentlich kostbarer als ein Tag auf der Kartbahn.

Das Bewusstsein, dass es schützenswerte Stunden geben muss, schwindet jedoch zusehends. Der Sonntag ist zum beliebten Objekt politischer Profilierungsversuche geworden. Die Befürworter der 24-Stunden/7-Tage-die-Woche-Ideologie argumentieren mit der Konsumkurbel, dem Bruttoinlandsprodukt und den entstehenden Arbeitsplätzen. Das hört sich sogar familienfreundlich an. Spazieren nicht auch viele Eltern mit ihren Kindern am verkaufsoffenen Sonntag durch die Fußgängerzonen? Die Sprösslinge der Verkäuferinnen vermögen die Familienfreundlichkeit nicht ganz so deutlich zu erkennen.

Aber man muss gar nicht selbst betroffen sein, um skeptisch zu werden, wenn der Sonntag als Tag wie jeder andere in den Wirtschaftskreislauf eingespeist wird. Man muss nicht einmal Christ sein, um zu verstehen, welche Kulturleistung es bedeutet, einen einzigen Tag zu haben, der nicht der Arbeitswelt zur Verfügung steht. Der Sabbat ist für den Menschen da und nicht der Mensch für den Sabbat, heißt es im Judentum. Jesus greift diesen Satz im Streit mit den Pharisäern auf und gibt ihm eine Wendung ins Grundsätzliche. Im Mittelpunkt seiner Ethik steht der Mensch, der ganze Mensch, in allen Dimensionen seiner Existenz, nicht nur eine bestimmte Funktion, der er dienen soll: im Namen des Gesetzes, im Namen der Religion oder aber: im Namen des Marktes, im Namen des Profits und der größeren Rentabilität.

Für Christen ist der Sonntag der erste Tag der Woche, der sie an die Ruhe des Schöpfers und an die Auferstehung Christi erinnert. Seit 2000 Jahren feiern sie diesen Tag als den „Tag des Herrn“, an dem sie sich zur Eucharistie, der großen Danksagung für das Leben, versammeln. Aber auch, wer den zweckfreien Räumen des Lebens nicht im heiligen Spiel der Liturgie begegnet, zehrt im eigenen Leben davon, was dort gefeiert wird. Der Sonntag und die Feste des Jahres sind lebensnotwendige Unterbrechungen. Sie erinnern daran, dass der Mensch nicht für die Arbeit, sondern die Arbeit für den Menschen da ist. Gerade weil dieser Tag zweckfrei bleibt und der Disposition entzogen ist, „nützt" er der konkreten Lebensqualität aller.

„Du sollst den Sabbat heiligen", ist kein Verbot, sondern ein Gebot, das den Menschen schützt. Es gesteht ihm eine Zeit zu, in der er das tun kann, was ihm besonders wichtig ist, und in der er mit den Menschen zusammen sein kann, die ihm wichtig sind. Er muss diesen Tag nicht im Day-Spa verbringen, um sich fit zu machen für die nächste Woche. Er darf ganz zwecklos pausieren, faulenzen, ausruhen.

Die Tatsache, dass Krankenschwestern, Konditoren, Journalisten und Priester am ersten Tag der Woche ohnehin schon arbeiten, entwertet die Sonntagsruhe nicht. Dies sind unvermeidliche Ausnahmen, daraus eine neue Regel abzuleiten, hieße, die Gesellschaft mehr zu verändern, als uns lieb sein kann.

Schon jetzt ist die Grenze zwischen Berufs- und Privatleben quer durch alle Schichten so fließend, dass die Familienzeiten mühsam und kostspielig in Work-Life-Balance-Kursen zurückgewonnen werden müssen. Die deutsche Übersetzung dieses Anglizismus könnte schlicht: Wiederentdeckung des Sonntags heißen. Ein verbindlich anerkannter Ruhetag sendet ein ganz anderes Signal als irgendein freier Tag, den sich jeder legt, wie er möchte. Im ersten Fall liegt die Beweislast bei demjenigen, der die Sonntagsruhe stören will, im zweiten Fall bei demjenigen, der die Pause für sich beansprucht.

Die Familie wird derzeit verbal vollständig ökonomisiert. Die Mutter soll sich bitte als Familienmanagerin verstehen, die zuständige Ministerin hat mit sieben Kindern und

16-Stunden-Tag die Benchmark vorgelegt. Töchter wie Söhne gelten als High Potentials, die Rolle des Vaters schwankt zwischen CEO, Fundraiser und Personaltrainer. Ein Handy-Hersteller zeigt den modernen Papi auf dem Spielplatz, das Blackberry griffbereit. Arbeiten Sie, wo immer Sie wollen, ist die Botschaft. Verführerisch. Oder erschreckend.

Wer die Moral hat, hat die Qual. Berufstätige Eltern plagt das schlechte Gewissen permanent – gegenüber den Kindern und gegenüber dem Arbeitgeber. Ratgeber zum Work-Life-Gleichgewicht empfehlen gern ein striktes Selbstmanagement. Der gestresste Mensch lernt zum Beispiel: Wenn du deine Arbeit organisierst und deine Aufgaben nach unserem Schema sortierst, kannst du Punkt 17 Uhr zu Hause sein, da bleiben noch mindestens zwei Stunden Quality-Time mit der Familie.

Doch wehe es wird 17.30! Oder sogar 18 Uhr! Wehe der Kindergarten ruft mittags an, weil die Tochter übersäht mit roten Pusteln ist. Dann kommt zum schlechten Gewissen den anderen gegenüber auch noch das Gefühl hinzu, als Ego-Manager vor sich selbst versagt zu haben.

Eine echte Balance setzt eine nüchterne Bestandsaufnahme voraus: Wer ist mir wichtig? Was ist mir wichtig? Welche Zeit ist mir heilig? Mit diesem Wissen kann ich überzeugender absagen und froher zusagen, gleichmütiger hinnehmen, nicht befördert worden zu sein und mich erst recht darüber freuen, wenn es trotz meiner erschwerten Bedingungen doch noch mit der Karriere klappt. Die gewissenhafte Entscheidung, die bohrende Frage „Will ich das wirklich?“, ist komplizierter als Stundenpläne mit festen Job- und Lifezeiten. Aber es lohnt sich. Wenn ich etwa den Sonntag als heilige Zeit für mich festgelegt habe, werde ich nicht mehr nach einer Ausrede suchen, wenn der Chef zur Wochenendarbeit bittet. Es kostet Überwindung, aber irgendwann geht der Satz: „Da habe ich einen unaufschiebbaren Termin mit meiner Familie“ selbstbewusst über die Lippen.

Das Gewissen macht auch den abhängig Beschäftigten zum Herrn des Verfahrens. Mag sein, dass es altmodisch ist, für Standfestigkeit zu plädieren, während „die" Wirtschaft flexible Arbeitnehmer sucht. Doch der nach allen Seiten biegsame Mensch ist Selbstbetrug. Der einzelne Mensch hat Grenzen, auch wenn die Finanzströme grenzenlos sind. Und er tut – im ganz moralischen Sinne des Wortes – gut daran, seine Grenzen kenntlich zu machen. Sich selbst und seinen Liebsten zuliebe.

Die Wahrheit und nichts als die Wahrheit

Lügen, flunkern, schummeln, schmeicheln, verschweigen, taktieren, denunzieren, Gehorsam verweigern

Lügen haben schöne Beine

„Wie geht's?", fragt die Kollegin. Der Kopf brummt vom Rotwein gestern Abend, das Auto sprang vorhin nicht an, die U-Bahn fuhr vor der Nase weg, der Schreibtisch liegt voller ungelesener Papiere, das Telefon klingelt unerbittlich. Und die Kollegin will also wissen, wie „es" geht. Bescheiden, ehrlich gesagt. Aber trotzdem presse ich ein „Danke, gut und Ihnen?" hervor und während sie „Danke, auch gut", murmelt, überlege ich, in welcher Schublade die Kopfschmerztabletten liegen.

Der Tag beginnt mit einer Schummelei. Schon wieder. Aber warum sollte ich die Kollegin mit der Wahrheit belästigen? Vielleicht erzählt sie dann sogar noch dem Chef, ich sei verkatert und auch ansonsten ein Jammerlappen. Die Antwort „Danke, gut" war unwahr, aber in dieser Situation richtig.

Und repräsentativ noch dazu: Der amerikanische Psychologe Robert S. Feldman von der University of Massachusetts in Amherst fand in einem Experiment heraus, dass nur wenige Menschen es schaffen, in einem kurzen Gespräch immer bei der Wahrheit zu bleiben. Er bat Studenten, die einander nicht kannten, Paare zu bilden und sich zehn Minuten lang zu unterhalten. Die 242 Probanden teilte er in drei Gruppen ein: Eine Gruppe sollte sich als besonders kompetent präsentieren, die andere als besonders sympathisch, die dritte erhielt keine Anweisungen. Was die Testpersonen nicht wussten: Ihr Gespräch wurde auf Video aufgezeichnet. Anschließend sollten sie jede Ungenauigkeit, jede „große" und „kleine" Lüge in ihren eigenen Aussagen markieren. Das Ergebnis der – hoffentlich ehrlichen – Selbstanalyse: Fast zwei Drittel der Testpersonen gaben an, mindestens einmal binnen zehn Minuten gelogen zu haben.

Der Psychologe zeigte sich von diesem Ergebnis überrascht. Er habe nicht erwartet, dass die Lüge im Alltag eine solche Rolle spiele, gab er zu Protokoll. „Wir bringen unseren Kindern bei, dass Ehrlichkeit am längsten währt. Aber wir sagen ihnen auch, dass es höflich ist, vorzugeben, man möge ein Geburtstagsgeschenk, das man erhalten hat", illustrierte er die tägliche Doppelzüngigkeit. Schon in einer früheren Studie hatte Feldman nachgewiesen, dass die beliebtesten Studenten diejenigen sind, die es mit der Wahrheit nicht immer genau nehmen. Die Literatur kennt das Sujet auch ohne wissenschaftliche Versuchsanordnung: Felix Krull, der Hochstapler aus dem Roman von Thomas Mann, hat Glück bei den Frauen, gerade weil er sich so geschmeidig in seinem Lügengebäude zu bewegen weiß. Ein Schelm, wer Schlechtes dabei denkt. Anders gewendet: Kann Lügen nicht nur richtig, sondern gut sein?

Eine Emnid-Umfrage im Auftrag der Zeitschrift „Chrismon" förderte zutage: Ja, nach Meinung der meisten schon. 55 Prozent der Befragten gaben an, Lügen sei dann erlaubt, wenn man damit einem Freund aus der Klemme helfe, 35 Prozent, um ein Kompliment zu machen, 34 Prozent, um die Ehe zu retten. 18 Prozent waren der Ansicht, eine Lüge sei ohne Ausnahme verboten.

Die Sprichwortwelt hat für den laxen Umgang mit der Wahrheit weniger Verständnis übrig: Ehrlich währt am längsten, wer einmal lügt, dem glaubt man nicht, Lügen haben kurze Beine ... Der Volksmund moralisiert wider das tägliche Flunkern, lügt aber innerhalb von zehn Minuten im Durchschnitt zwei bis drei Mal und findet auch noch eine Vielzahl von Gründen, zumindest Notlügen zu erlauben. Sprechen ist also offenbar voller Widersprüche.

Die Frage, inwieweit der Mensch überhaupt die Wahrheit sagen muss, trieb die größten Denker um. Sie kamen zu unterschiedlichen Antworten. Aristoteles sah in der Suche nach Wahrheit die Aufgabe der Philosophie. Wahr und falsch definierte er prägnant: „... zu sagen, dass, was der Fall ist, nicht der Fall ist, oder dass, was nicht der Fall ist, der Fall ist, ist falsch; dass aber das, was der Fall ist, der Fall ist, und das, was nicht der Fall, nicht der Fall ist, wahr."

Immanuel Kant plädierte – vor allem in der Auseinandersetzung mit Benjamin Constant – für ein universelles Lügenverbot, denn der Lüge attestierte er eine zerstörerische Macht. Der Königsberger Philosoph duldete selbst dann keine Notlüge, wenn die Wahrheit das Leben kostete. Die christliche Ethik zeigt sich großzügiger: Eine Lizenz zum Lügen gibt es zwar nicht, aber Ausnahmen sind möglich, bisweilen sogar nötig, wenn es gilt, Schaden vom Nächsten abzuwehren. Friedrich Nietzsche schließlich befand, dass der Mensch auch auf den angeblich kurzen Beinen ganz flink vorankommen könne. Überleben zähle mehr als die Wahrheit, behauptete er.

„Du sollst nicht lügen", lautet das achte Gebot. Das bedeutet keineswegs, dass der Mensch immer die Wahrheit sagen muss. Aber das, was er sagt, soll wahr sein. Hinter dieser Wahrheitspflicht steht ein bestimmtes Bild vom Menschen und der Gesellschaft. Der Mensch hat, im Unterschied zum Tier, als *zoon logon* Vernunft und Sprache. Die Sprache ermöglicht Kommunikation. Sie könnte nicht mehr der Verständigung dienen, wenn die Lüge gleichberechtigt neben der Wahrheit stünde. Der Mensch ist zudem ein *zoon politicon,* also ein Wesen, das in eine Gemeinschaft eingebunden ist. Die anderen stehen ihm nicht als Feinde gegenüber, sondern sind seine Weggefährten. „Du sollst nicht lügen", weil die Lüge die Beziehung zu den anderen untergräbt.

Wenn hingegen die Ausgangsthese wie etwa bei Thomas Hobbes lautet: „Der Mensch ist dem Menschen ein Wolf", wenn statt der Gemeinschaft eine rudelartige Existenz als Naturzustand angenommen wird, bekommt die Lüge einen anderen Rang. Sie dient als nützliches, überlebenswichtiges Mittel, um in diesem Kampf zu bestehen.

Von den Höhen der Philosophie wieder in die Niederungen des Alltags: Verstößt es gegen das achte Gebot, der Kollegin mit einem „Danke, gut“ zu antworten? Nein, denn es ergibt wenig Sinn, den Begriff der Lüge so weit zu fassen, dass auch Höflichkeit, Anstandsformeln und ironische Wendungen darunter fallen. Das Vorhaben des zitierten Psychologen klingt zwar sehr ehrlich, macht den Begriff jedoch unscharf.

Die Lügenzähler, die uns mehrere hundert verbale Sündenfälle pro Tag in den Mund legen, gehen inflationär mit dem Begriff um. Die Bemerkung „Du siehst ja umwerfend aus!“ mag nicht immer der Wahrheit entsprechen, das Englische wäscht solche Komplimente mit der Wendung „White lies“ rein. Moralisch verwerflich sind diese „weißen Lügen“ jedoch äußerst selten. Sie werden zur Lüge, wenn der Grat zwischen Kompliment und Schmeichelei überschritten wird. Ein Kompliment nimmt das Gegenüber ernst, es zeugt von dem Wunsch, den anderen verbal zu beschenken. Die Schmeichelei hingegen soll vor allem denjenigen, der sie ausspricht, ins rechte Licht rücken. Der Adressat der Worthülsen geht leer aus. Es ist also die Haltung zum anderen, die das Kompliment von der Lüge trennt, nicht so sehr der Inhalt des Gesagten. Freundliche Worte bereichern die Kommunikation, verlogene Schmeicheleien lassen sie ebenso verarmen wie brutal wahre Attacken.

Die Haltung zum anderen hängt wiederum vom Verhältnis zum anderen ab. Wenn die beste Freundin in einem viel zu engen türkis-pink-gestreiften Top zur Tür herein kommt und fragt: „Wie findest du mein neuestes Schnäppchen?“, ist es mit einem Kompliment nicht getan. Sie schlägt einen Ton an, der nur ein begeistertes „Phantastisch“ als Antwort zulässt. Aber Freundschaft muss auch Kritik ertragen. Die ehrliche Antwort wäre: „So stelle ich es mir vor, wenn sich Pamela Anderson in die Kinderabteilung verirrt hat“.

Doch das auszusprechen ist – bei aller Freundschaft – unmöglich. Ein falsches, schnell dahingesagtes Kompliment würde sie ebenso beleidigen. In solchen Situationen, in denen uns der Fragende scheinbar keine Wahl lässt, hilft nur diplomatisches Geschick, um wahrhaftig zu bleiben. Eine ausweichende Formulierung wie: „Du weißt, ich mag lieber gedeckte Farben, ich bin deshalb etwas befangen“ muss die Situation retten.

Moral ist kein Selbstzweck, sie entspringt der Achtung vor dem anderen. Eine nicht den Tatsachen entsprechende Aussage ist dann unmoralisch, wenn sie das Gegenüber herabsetzt.

Der Theologe Augustinus hat sich mit der Einkreisung der Lüge eingehend beschäftigt. Er nennt zwei Voraussetzungen: Zum einen muss es sich um eine Falschaussage handeln, das ist die sachliche Maßgabe. Zum anderen muss ein formales Element hinzukommen: „Die Lüge ist eine falsche Aussage mit dem Willen zu täuschen“, definiert er. Der Lügner behauptet wider besseres Wissen etwas Unwahres, in der Absicht, den anderen zu täuschen. Wenn mich jemand fragt, wie viel Uhr es ist, und meine Uhr geht nach, gebe ich zwar eine falsche Auskunft, aber ich lüge nicht. Auch wenn ich sie aus Versehen falsch ablese, habe ich mich geirrt, aber nicht wissentlich und absichtlich gelogen.

Das „Danke, gut“ auf die Frage nach dem Befinden mag eine Falschaussage sein, geschieht aber nicht mit dem Ziel, den anderen zu täuschen. Wer nach einer floskelhaften Frage wahrheitsgemäß die Ergebnisse der letzten 15 Arztbesuche referiert, zeigt wenig Rücksicht auf den Gesprächspartner. Die Regeln des Smalltalks – zum Beispiel politische Bekenntnisse zu meiden, Krankheitsgeschichten außen vor zu lassen – bewahren uns davor, Unbekannten zu nahe zu treten. Auch Arbeitszeugnisse und Grabreden verdienen in ihrer gnadenlosen Positivität Nachsicht. Der Grundsatz „De mortuus nihil nisi bene“ schützt denjenigen, über den da geurteilt wird. Die Lüge unterminiert soziale Beziehungen, Pietät und Takt stabilisieren sie.

Im vertrauensvollen Gespräch können verbale Schonbezüge allerdings verwerflich sein. Wenn ich einem Freund gegenüber Krankheiten oder Sorgen leugne, obwohl er hartnäckig nachfragt, täusche und enttäusche ich ihn. Dafür hätte Augustinus wohl kaum Verständnis.

Die delikate Abgrenzung zwischen Verschonen und Beschönigung macht deutlich: Beim Bemühen, Lügen zu vermeiden und wahrhaftig zu bleiben, ist neben dem besten Wissen vor allem das Gewissen gefordert, also die Fähigkeit, die Perspektive des Anderen einzunehmen.

Recht und Gesetz helfen nur bedingt. Das Gesetz kennt im Unterschied zu den religiösen Geboten die „Lüge“ nicht. Das Strafrecht sanktioniert einerseits die arglistige Täuschung, die Falschaussage vor Gericht, die Vortäuschung einer Straftat, die Leugnung des Holocaust, die falsche Tatsachenbehauptung in den Medien. Es zwingt andererseits Beschuldigte nicht dazu, die Wahrheit zu sagen. Der Rechtsstaat akzeptiert das Schweigen. Niemand muss sich als Angeklagter durch seine Aussage selbst belasten. Für Anwälte gilt: Es gibt zwar kein staatlich verbrieftes Recht auf Lüge, aber der Anwalt darf die Wahrheit über ein Verbrechen verschweigen und dem Gericht Tatsachen vorenthalten, um einen Freispruch seines Mandanten oder ein milderes Urteil zu erlangen. Positiv gewendet: Der Staat überlässt die Entscheidung dem Gewissen des Bürgers. Glaubt man der eingangs zitierten Emnid-Umfrage zur Akzeptanz der Lüge, wären nur 14 Prozent der Befragten bereit, dieses „Recht“ vor Gericht zu nutzen, um einer Strafe zu entgehen.

Philosophen und Theologen aller Jahrhunderte hat die Frage umgetrieben, ob der Einzelne wirklich in allen Situationen zur wahrheitsgemäßen Aussage verpflichtet ist. Was ist, wenn jemand in bösartiger Absicht eine Auskunft erfragt? Muss ich ihm dann trotzdem die Wahrheit sagen? Augustinus verweigert auch in solcher Bedrängnis die Erlaubnis zum Lügen. Die ideale Antwort lautet seiner Ansicht nach: „Ich weiß, wonach du fragst, aber ich werde es dir nicht sagen." Der Kirchenvater verlangt viel, denn eine solche Antwort kann denjenigen, der sie wagt, in einem totalitären Regime das Leben kosten.

Politische Theoretiker wie Hugo Grotius und Benjamin Constant fügten den beiden Kriterien von Augustinus ein drittes hinzu: das Recht des anderen auf die Wahrheit. Damit brachten sie den Gedanken ein, dass der andere dieses Recht auch verwirken kann. Constant erzählt ein Beispiel, das in der Philosophiegeschichte vor allem durch Kant Karriere machte: Ein Mann bittet einen Freund darum, sich in dessen Wohnung verstecken zu dürfen. Er behauptet, dass ein anderer ihm nach dem Leben trachte. Der potenzielle Mörder ahnt, wo sich sein Opfer versteckt hat und fragt den Wohnungsbesitzer, ob er wisse, wo der Mann sich aufhalte. Darf der nun, um das Leben des Schutzsuchenden zu retten, sagen: „Ich weiß nicht, wo sich der Gesuchte gerade befindet"? Laut Constant darf er nicht nur, er sollte es sogar, weil der Fragende den Anspruch darauf, die Wahrheit zu erfahren, durch seine böse Absicht verwirkt hat.

Kant hingegen schließt eine derartige Notlüge aus, er akzeptiert weder Mitleid als Rechtfertigung noch die Kategorie des Anspruchs auf die Wahrheit. In seinen Überlegungen „Über ein vermeintliches Recht, aus Menschenliebe zu lügen" macht er den Fluchtweg dicht. Ich weiß nicht, geht nicht. Auch in dieser Situation nimmt er den Befragten in die Pflicht zur Wahrheit, unabhängig davon, wie edel die Absichten desjenigen sind, der die Frage stellt. Verpflichtet ist der einzelne Mensch nämlich keineswegs seinem Gegenüber, sondern der ganzen Menschheit. Es darf für den Erfinder des kategorischen Imperativs keine Ausnahme von der Regel geben, schon eine einzige Lüge zerstört die verlässliche Grundlage der Beziehung zwischen vernunftbegabten Menschen.

Beeinflusst von den totalitären Erfahrungen des 20. Jahrhunderts eröffnet die moderne Ethik einen weiteren Handlungsspielraum, als ihn Kant und Augustinus zulassen. Hatte zum Beispiel die Gestapo als Instrument eines Unrechtsregimes das Recht, von jedem Bürger die Wahrheit zu erfahren? Musste der Bürger denunzieren oder hatte er geradezu die Pflicht, die Unwahrheit zu sagen? Die Antwort der Ethiker war uneinheitlich. Protestantische Theologen taten sich schwer damit, die Lüge als gebotene Reaktion anzusehen: Wer in einer solchen Situation wider besseres Wissen mit Täuschungsabsicht antworte, machte sich schuldig, so die verbreitete Auffassung. Es galt allerdings als verantwortete Schuld, weil es in der Absicht geschah, dem anderen Unrecht zu ersparen. Die Bereitschaft zur stellvertretenden Schuldübernahme erlaubt es in moralischer Bedrängnis, mit schlechtem Gewissen dennoch das Richtige zu tun.

Katholische Theologen argumentierten anders: In seinem während des Dritten Reiches geschriebenen und zunächst nur in einigen maschinenschriftlichen Kopien in Umlauf gebrachten Büchlein „Seid klug wie die Schlangen und einfältig wie die Tauben“ beschreibt Matthias Laros einen damals alltäglichen Zweispalt: „Mein Freund ist von der Gestapo verhaftet und angeklagt, daß er ausländische Sender gehört habe. Ich werde als Zeuge vor Gericht geladen, weil von edlen Volksgenossen bei der Anzeige gemeldet worden war, daß ich während des Abhörens das Zimmer betreten habe und der Apparat kurz nachher abgestellt wurde, so daß ich Augen- und Ohrenzeuge der verbotenen Handlung sei. Das trifft zu, und ich müßte unter normalen Umständen, wenn die Frage berechtigt wäre, mit einem glatten Ja antworten. Die Folge wäre, daß der Freund, gegen alles natürliche Recht, mit jahrelangem Zuchthaus bestraft und schließlich in ein Konzentrationslager verschleppt würde. Ich kann, wie die Dinge liegen, keine ausweichende Antwort geben oder gar die Auskunft verweigern, ohne daß beides als Bejahung aufgefaßt würde, und das Schicksal des Freundes wäre auch damit besiegelt."

Laros leitet aus dem Wort Jesu „Seid klug wie die Schlangen" eine Lizenz zur List ab. Wer Jesus beim Wort nehme, falle nicht auf das Raffinement eines Regimes herein, das den Anstand seiner Bürger für unmenschliche Zwecke pervertieren wolle. „Ich fühle mich durch die Klugheit der Schlange den Bösewichtern überlegen und freue mich, dadurch dem Guten und dem Willen Gottes dienen zu können", schreibt er. Der Christ macht sich also nicht nur nicht schuldig, wenn er eine falsche Auskunft gibt, er handelt in einer solchen Ausnahmesituation sogar in der moralisch gebotenen Weise.

Die Überlegung, ob der Adressat überhaupt Anspruch auf die Wahrheit hat, muss jedoch auf solche Ausnahmesituationen beschränkt werden. Als Leitfrage im Alltag ist sie untauglich. Grundsätzlich gilt: Achtung vor der Wahrheit ist Achtung vor dem anderen. Mein Gegenüber hat ein Recht auf Austausch ohne Täuschung.

Diese Akzentuierung ist keineswegs selbstverständlich, weder in der Theorie noch in der Praxis. Hugo Grotius etwa, Vater des modernen Völkerrechts und einer der bedeutendsten Universalgelehrten der frühen Neuzeit, geht davon aus, dass die Bürger oder Gesandten eines fremden Staates durch feindseliges Verhalten, etwa durch einen Angriff, den Anspruch auf Wahrheit verwirken. Und mehr noch: Bestimmte Gruppen haben dieses Recht erst gar nicht. Deshalb dürfen Erwachsene Kinder belügen, Herrscher das Volk, Diplomaten einander.

Der Florentiner Politikberater Niccolo Machiavelli geht einen entscheidenden Schritt weiter. Er befreit die Lüge von der Einschnürung durch Rechte und Pflichten. Die Lüge hält er für ein geeignetes Mittel, die Herrschaft zu erlangen und zu festigen. Das Publikum, so seine Begründung, habe es nicht anders verdient; es liebe es sogar, betrogen zu werden.

Machiavellis 16. Jahrhundert ist weit von uns entfernt. Wir verlangen von unseren „Fürsten“ die Wahrheit und nichts als die Wahrheit, wohl wissend, dass diese Erwartung an der Wirklichkeit vorbei geht, weil wir die Wahrheit nicht ertragen. Aber die politische Elite soll zumindest unseren Anspruch kennen und fürchten.

Im eigenen Alltag flirten wir gern mit dem Gedanken, den Wahrheitsanspruch des anderen aus machttaktischen Erwägungen entthronen zu dürfen. Lügen haben – anders als das Sprichwort behauptet – im Karrierekampf schöne lange Beine, sie verhelfen uns zu Modelmaßen, um die uns jeder beneidet. Mit ihnen lassen sich mehrere Sprossen auf einmal nehmen. Wir lesen gern ein Buch wie „Lob der Lüge“, das uns amüsant ironisch von den Vorteilen des Flunkerns, Schwindelns, Lügens vorschwärmt. Wir beruhigen gern unser Gewissen, wenn eine Rezension in einer populären Psychologie-Zeitschrift lobend erwähnt, was wir hören wollen: einem solchen Buch gelinge es, „die Fesseln unserer ethisch-philosophischen Denktradition abzuwerfen, die Lügen rundherum als Übel abstempelt“. Auch manche Karriereratgeber empfehlen im Namen eines zeitgemäßen Machiavellismus, die Unwahrheit dosiert einzusetzen. Wer im geeigneten Moment zu flunkern und zu schummeln weiß, so ihr Argument, beweist Alltagsintelligenz. Er kann taktieren und differenzieren. Er teilt mit kaltem Blick die Welt in jene, die gefährlich werden könnten, wenn sie die Wahrheit erfahren und jene, deren Zorn ohne Folgen bleibt. Ganz nebenbei wird Sprache von einem Medium der Verständigung zu einem Medium der Durchsetzung eigener Interessen.

Die Frage, wann lügen sich für wen lohnt, beschäftigte auch die Mathematiker. Zum prominenten Fallbeispiel avancierte das Gefangenen-Dilemma: Zwei Gefangene stehen im

Verdacht, gemeinsam eine Bank überfallen zu haben. Die Richter machen ihnen ein Angebot: Verrät der eine den anderen, so muss der Verratene für fünf Jahre ins Gefängnis, der Verräter kommt frei. Verraten sich beide gegenseitig, werden beide mit vier Jahren Knast bestraft. Verrät keiner den anderen, reichen die Indizien für eine Verurteilung zu zwei Jahren. Lohnt sich die Wahrheit? Die Spieltheorie, die sich mit dem Gefangenendilemma permanent beschäftigt, sagt nein. Robert Axelrod, amerikanischer Mathematiker und Politologe, rechnete in dem vielbeachteten Buch „The Evolution of Cooperation" Mitte der Achtziger Jahre vor: Es lohnt sich, beim ersten Mal Kooperationsbereitschaft zu zeigen. Danach ist es sinnvoll, sich so zu verhalten, wie sich der andere verhalten hat. „Tit for Tat", wie du mir so ich dir, heißt diese Grundregel. Wer also belogen wurde, sollte beim nächsten Mal selbst lügen. Wer beim Bäcker zu wenig Wechselgeld zurückbekommen hat, wird schweigen, wenn die Verkäuferin ihm beim nächsten Mal einen Euro zu viel herausgibt – und fühlt sich im Recht.

Der amerikanische Philosophieprofessor Harry G. Frankfurter steht nach seinem Bestseller „Bullshit" kaum im Verdacht, ein dröger Moralapostel zu sein. Dennoch hält er es in seinem schmalen Bändchen „Über die Wahrheit" für nötig, den gut gelaunten, postmodernen Lügenbaronen die Stimmung zu verderben. Wer die Lüge von vornherein als gleichwertige Möglichkeit betrachte, manövriere sich in die Isolation, warnt er. „Die Einsamkeit ist ... unsagbar, weil der Lügner nicht einmal offenbaren kann, dass er einsam ist – dass in seiner erfundenen Welt niemand wohnt –, ohne dadurch zu enthüllen, dass er gelogen hat. Er verbirgt seine Gedanken, er tut so, als glaube er, was er nicht glaubt, und macht es dadurch anderen Menschen unmöglich, in vollem Kontakt mit ihm zu stehen."

Wer es in dieser „Lügenwelt" nach oben gebracht hat, ist einsame Spitze. Er wird sich bevorzugt mit Menschen umgeben, die zumindest so tun, als seien sie Mitbewohner. Stellen Sie sich vor: Ein solcher Chef liest Ihnen den Anfang einer Rede vor, die er konzipiert hat. In seinen Augen erkennen Sie, dass er von Ihnen ein „Genial wie immer" hören möchte. Sie aber fühlen sich beim Zuhören eher an das Märchen vom Kaiser und den neuen Kleidern erinnert: Ein Hauch von nichts mit ein paar neuen Zahlen. Als Untergebener sind Sie in einer Zwickmühle. Sie könnten Ihre mangelnde Begeisterung in einen Verbesserungsvorschlag ummünzen, etwa: „Sehr interessant. Kürzlich habe ich ein Zitat gelesen, das genau zu Ihrer These passt." Sie erbitten sich Bedenkzeit und suchen die Textstelle heraus. Damit haben Sie sich elegant aus der Situation befreit. Sie könnten aber auch, und das ist im Angesicht einer einsamen Spitzenkraft die wahrscheinlichste Variante, einfach nur „Großartig" sagen. Dann haben Sie Ruhe und gehen ein geringes Risiko ein, denn das Auditorium wird den Firmenkaiser beklatschen, auf dem Weg zum Büfett werden ihm die Abteilungsleiter zur Rede gratulieren.

Wenn ein Vorgesetzter Kritik als Sand im Getriebe empfindet, macht er es seiner Umgebung schwer, die Wahrheit zu sagen. Ist er nur noch von „Großartig"-Schwärmern umgeben und sieht aber trotzdem Probleme, wird er sich woanders Rat holen. Dann soll eine Unternehmensberatung mit dem Blick von außen wahrnehmen, was die betriebsblinden Schmeichler ignorieren. McKinsey und Co. werden engagiert, um in einer Welt, die Lügen als Karrierebeschleuniger einsetzt, etwas so Exotisches wie die Wahrheit zu verkünden. Das sichert ihnen eine quasi-religiöse Stellung und entbindet die interne Führungscrew davon, Verantwortung für schmerzhafte Veränderungen zu übernehmen. „Ich habe die Stellenstreichungen ja eigentlich nicht gewollt, aber ein unabhängiges Expertenteam ist zu dem Schluss gekommen, dass wir Personalkosten sparen müssen", verkündet die Spitzenkraft.

Ein Vorgesetzter mit echten Führungsqualitäten wird es vermeiden, in jeder Kritik die Sägegeräusche an seinem Stuhl mitzuhören. Er weiß: Auf den Schleimspuren der anderen rutscht man selbst aus. Das heißt konkret: Der Chef hat einen Anspruch darauf, dass ihn Mitarbeiter über tatsächliche Missstände auf dem Laufenden halten, er hat die Pflicht, ein Klima zu erzeugen, in dem das möglich ist. Negative Urteile zum Führungsstil müssen um der Sache Willen ausgesprochen werden. Dienen sie der Selbstdarstellung der Kritikers und der Blamage des Kritisierten, tarnt sich Täuschung als Ehrlichkeit. Ein solches Vorgehen weckt Zweifel an der Loyalität desjenigen, der die Wahrheit ausspricht. Das Vieraugengespräch ist deshalb für Missstandsbeschreibungen der bessere Ort als die große Konferenz. Selbst führungsstarke Chefs werten eine schlechte Benotung vor aller Augen als Demontage.

Unser Taktieren gilt gemeinhin den Big Bosses, den Herrschern in unserem Alltag. Während wir unter Erwachsenen die dosierten Lügen akzeptieren, reagieren die meisten von uns erschrocken, wenn wir die eigenen Kinder zum ersten Mal beim Flunkern erwischen. Diese Asymmetrie hat eine lange Tradition: Die Kleinen sollten schon immer die Wahrheit sagen, wenn die Großen sie etwas fragten, das war ein Zeichen des Respekts vor Erwachsenen. Umgekehrt aber war es mitnichten selbstverständlich, den Kleinen auch einen Anspruch auf Wahrheit zuzugestehen. Was nach Diskriminierung klingt, hatte eine Schutzfunktion. In dem Maße, wie Kindheit als eigene Lebensphase entdeckt wurde, galt sie als Schonraum. Die Kinderwelt war von der Erwachsenenwelt streng getrennt, die Kleinen mussten durchs Schlüsselloch lugen, um ihre Neugier zu befriedigen.

Heute steht die Tür sperrangelweit offen. Kinder erfahren in eigenen Nachrichtensendungen, dass es Diktatoren und Kriege gibt, gegen die sogar eine Pippi Langstrumpf machtlos ist. Sie werden früh in Beziehungsprobleme und

Sorgerechtsstreitigkeiten ihrer Eltern verwickelt. Wer einen Schutzraum bewahren möchte, wer die Bullerbü-Kindheit ins 21. Jahrhundert retten will, setzt sich dem Verdacht aus, den Sprössling nicht aufs wahre Leben vorzubereiten.

Trennungen, Scheidungen, Kleinkriege – das kennt heute buchstäblich jedes Kind entweder aus der eigenen Erfahrung, aus dem Freundeskreis oder wenigstens aus dem Fernsehen. Dennoch ist es keine Lüge, Familie als Ort der Geborgenheit vorzuleben, auch wenn das nicht mehr der gesellschaftliche Standard ist. Ein guter Indikator sind die Fragen des Kindes. Wenn es wissen will: „Warum hat die Lara keinen Papa?“, mag eine Tirade über verantwortungslose Erzeuger, die sich vor Unterhaltszahlungen drücken, der Wahrheit nahekommen. Das Kind hat einen Anspruch darauf, für seine Neugier nicht mit Lügen gestraft zu werden. Es hat jedoch auch ein Recht, die Probleme der Welt altersgerecht erklärt zu bekommen. Die Antworten dürfen vorläufige sein, aber sie müssen stimmen. Die halbe Wahrheit, etwa „Lara hat einen Papa, aber der lebt woanders. Die Eltern haben sich oft gestritten“, ist ausbaufähig zur ganzen Wahrheit. Die Kleinen haben ein gutes Gedächtnis, Unstimmigkeiten untergraben das Vertrauen.

Der Lebenslügendetektor schlägt aus

„Weißt du eigentlich, dass dein Mann dich betrügt?“, fragt die beste Freundin und holt weit aus. Sie habe die beiden in eindeutiger Situation beim Nobelitaliener gesehen, die schöne Unbekannte habe ständig seine Hände geküsst, seinen Ehering habe er wohl vorher abgelegt. Nachdem er gezahlt habe, sei das verliebte Paar eng umschlungen zum Auto geeilt.

Alles, was die Freundin sagt, mag zutreffen. Aber jeder Satz trifft. Der Grundsatz: So viel Wahrheit wie möglich, verpflichtet in bestimmten Situationen zum Schweigen. Vielleicht war der beobachtete intensive Körperkontakt nur ein einmaliger Fehltritt. Wie im Kapitel „Beziehungsweise" erläutert, kann es moralisch vertretbar sein, den Seitensprung vor der Partnerin zu verschweigen, wenn das „Nie wieder" ernstgemeint ist. Es gibt keinen Geständniszwang für denjenigen, der betrogen hat, und es gibt keinen Zeugniszwang für denjenigen, der etwas gesehen hat. Die Einmischung der aufklärerisch tätigen Freundin in die inneren Angelegenheiten des Paares würde die Beziehung wahrscheinlich zerstören.

Ein Geheimnis zu wahren, hat denselben Ursprung wie die Wahrheit: Respekt vor dem anderen. Dies gilt, wenn mir jemand etwas sehr Privates anvertraut, dies gilt aber auch, wenn ich durch Mehr-Wissen die Beziehung des Unwissenden in Gefahr bringe.

Anders sieht die Situation aus, wenn alle die Aktivitäten eines notorischen Seitenspringers kennen und nur die treusorgende Ehefrau auf der Insel der Ahnungslosen lebt. Dann kann es ein Freundschaftsdienst sein, sie aufzuklären. Eine moralische Pflicht, die ganze Wahrheit brutal auszusprechen, hat die Freundin auch dann nicht. Obwohl Medien mit ihrer umfassenden Berichterstattung über die Seitensprünge der Prominenz einen anderen Eindruck erzeugen: Beziehungs-Lebenslügen sind Privatsache, ihre Aufklärung obliegt denen, die sie betreffen, weder Journalisten noch besten Freunden.

Der Dramatiker Henrik Ibsen ist ein Lebenslügenexperte. Seine Helden leiden an der Moral ihrer Zeit, geben vor, ihr zu entsprechen, aber am Ende fliegt das Theater auf. In dem Stück „Die Wildente" heißt es: „Nehmen Sie einem Durchschnittsmenschen die Lebenslüge, und Sie nehmen ihm zu gleicher Zeit das Glück." Ibsens Figuren, vor allem die Frauen, faszinieren uns ähnlich wie Flauberts Madame Bovary bis heute, gerade weil wir das enge Moralkorsett abgelegt haben. Ibsens Nora verlässt den Gatten, der sie nur als schöne Dekoration benutzt hat, und geht in ein selbstbestimmtes Leben. Damals eine Sensation, mittlerweile alltäglich.

Obwohl uns keine Konvention mehr zwingt, uns lebenslänglich in einer ungeliebten Familienform zu arrangieren, leben wir keineswegs in einem Zustand größerer Wahrhaftigkeit. Die männliche Urangst etwa, das Kind eines anderen Mannes für das eigene zu halten, ist mitnichten aus der Welt. Mit sinnigen Namen wie „Kuckuckskinder.org" versuchen Testanbieter vom wachsenden Misstrauen zu profitieren. Zu Ibsens Zeiten hat die Konvention manchen, den das Gewissen nicht an einer Affäre gehindert hätte, davon abgehalten, sich auf ein sexuelles Abenteuer samt Folgen einzulassen. Wirklich moralisch war das nicht.

Wenn eine Frau heute nach einem Seitensprung schwanger ist und der Betrogene keinen Verdacht schöpft, wird sie sich von keiner moralischen Instanz mehr einreden lassen, sie habe gesündigt. Guten Gewissens schweigen kann sie dennoch nicht: Vielleicht hält die Beziehung die Lüge nicht aus, vielleicht rutscht im Streit eine Bemerkung über „meine" und „deine" Kinder heraus, vielleicht ist das Leben so verräterisch und nährt durch das Aussehen des Kindes Zweifel, vielleicht wird das Kind selbst in der Pubertät misstrauisch.

Der Gesetzgeber hat lange jedes während einer Ehe geborene Kind als Kind des Ehemannes angesehen, um den Familienfrieden zu schützen. Nach neuer Rechtslage sind Tests ohne Zustimmung der Mutter rechtswidrig. Der Ehemann gilt damit weiterhin als Vater. Wenn er jedoch zweifelt, kann er, wie der betrogene Partner einer nicht-ehelichen Beziehung auch, seine Bedenken offenlegen. Weiß die Mutter von dem Test, ist das Ergebnis vor Gericht verwendbar. Die lange Debatte über heimliche Vaterschaftstests zeigt, dass es eine Illusion – eine Lebenslüge – war, in der

Vielfalt der Beziehungsformen eine größere Ehrlichkeit zu vermuten. Das Gewissen muss gegenwärtig mehr leisten als zu Ibsens Zeiten. Und der Gesetzgeber auch.

Götter in Schweiß – Die Wahrheit am Krankenbett

Olga Ahrends hat versucht, sich vor die Straßenbahn zu werfen. Sie überlebt und landet in der Psychiatrischen Abteilung der Berliner Charité. In weiteren Untersuchungen stellt sich heraus, dass die psychische Labilität der Patientin eine körperliche Ursache hat. Sie leidet – ohne es zu wissen – an einem Tumor im Bein. Die Ärzte empfehlen nach Röntgenbild und pathologischer Untersuchung eine Amputation. Nur einer hat nach einem langen Gespräch mit der jungen Frau Zweifel an der Diagnose: der Chirurg Ferdinand Sauerbruch. Er erzählt ihr nichts von dem Verdacht, sondern stellt ihr Fragen zu ihrem Leben, ihren Hoffnungen, ihren Ängsten. Er kommt zu dem Befund: Sie ist nicht todkrank. Im Gespräch mit dem Kollegen sagt er: „Das Röntgenbild ist gegen mich, das Mikroskop ist gegen mich, der Oberarzt ist gegen mich, aber" – er schlägt sich auf die Brust „hierdrin ist etwas, das mir sagt, dass sie alle nicht recht haben." Er sei sich sicher, dass die Patientin zu retten sei. Sauerbruch behält recht. Der Tumor ist gutartig, die Frau überlebt, die Intuition hat gesiegt.

Mit dem heutigen Klinikalltag hat der Film „Das war mein Leben" wenig zu tun. Im Ringen um die zutreffende Diagnose wurden Herz und Intuition zurückgedrängt. Jedes neue Gerät verspricht, Gewissheit zu liefern, der Wahrheit ganz nahe zu kommen. Das Ultraschallbild, der Computertomograf, der Laborbefund können nicht lügen.

Zudem hat die technische Aufrüstung der Diagnostik das Verhältnis zum Patienten geändert. Der väterliche Ton, den Ferdinand Sauerbruch anschlägt, klänge im modernen Krankenhausalltag fast zudringlich. Er ist ebenso passé wie die joviale Begrüßungsfloskel „Na, wie geht's uns denn heute". Der Patient wird als mündiger Bürger betrachtet, der die Wahrheit kennen und aushalten muss, nicht als Untertan, der mit einem Alles-wird-gut in einen pflegeleichten Zustand versetzt werden darf.

Der deutsche Arzt Arthur Jores war der erste, der nach dem Zweiten Weltkrieg gegen die damals weit verbreitete Auffassung anschrieb, der Mediziner am Krankenbett müsse bei einer schlimmen Diagnose den Patienten schonen. In dem Aufsatz „Arzt und Tod" schildert er die Nebenwirkung dieser Haltung: Das Verschweigen der Wahrheit zwang zur gegenseitigen Sprachlosigkeit. Der Patient ahnte oft, wie es um ihn stand, traute sich aber nicht zu fragen; der Arzt kannte die Wahrheit, wollte sie aber aus Rücksichtnahme nicht aussprechen. Möglicherweise wussten sogar alle Verwandten, die zu Besuch kamen, Bescheid, nur der Mensch im Krankenbett blieb unwissend.

Der deutsch-jüdische Philosoph und Theologe Franz Rosenzweig beschreibt in seinem Tagebuch prägnant das Dilemma für beide Seiten. Er selbst ist seit 1921 an amyotrophischer Lateralsklerose (ALS) erkrankt und bekommt Besuch von Viktor von Weizsäcker, einem berühmten Neurologen. „Ich fragte den Arzt nicht nach meinem Gesundheitszustand, denn ich wollte nicht, dass er lügen muss", notiert Rosenzweig in seinen Aufzeichnungen.

In einer demokratischen Gesellschaft hat der Patient ein Recht auf die Wahrheit. Das macht seine Autonomie aus. Für den Mediziner bedeutet das: Er muss den Patienten so aufklären, dass dieser sich ein realistisches Bild seines Zustandes machen kann. Der Arzt darf nicht lügen, auch nicht aus Rücksicht. Erst wenn der Kranke sagt: „Ersparen Sie mir weitere Einzelheiten. Ich habe verstanden, wie ernst es um mich steht", kann der Arzt die Aufklärung einschränken.

Die Grenze zieht also der Patient. Er entscheidet auch, welche Angehörigen informiert werden.

Die Verrechtlichung der Medizin zwingt allerdings dazu, lückenlos über Risiken und Nebenwirkungen einer Behandlung aufzuklären, wenn schon nicht ausdrücklich im Gespräch, so zumindest schriftlich. Die lange Liste von möglichen Komplikationen schützt den Arzt vor Schadensersatzansprüchen. Der Kranke muss unterschreiben, dass er über alle Eventualitäten informiert ist, auch über diejenigen mit einer Wahrscheinlichkeit von weniger als einem Prozent. Der Selbstbestimmung dient diese Detailgenauigkeit kaum. Er hat ja keine echte Wahl.

Der Arzt muss abschätzen, wann die notwendige Aufklärung beim Patienten Angst erzeugt. Manche Mediziner umgehen die Suche nach dem richtigen Zeitpunkt, indem sie solange warten, bis kein Widerspruch mehr möglich ist. Aber wer erst unmittelbar vor einer hochdosierten Chemotherapie der Brustkrebspatientin einen langen Bogen vorlegt, der die Risiken bis hin zum tödlichen Verlauf enthält, trampelt auf der Seele einer Schwerkranken herum. Wenn die lange Liste mit dem Kleingedruckten erst am Abend vor der Operation kommentarlos auf den Nachttisch geschoben wird, ist das keine wahrheitsgemäße Aufklärung, sondern nur noch ein juristischer Akt.

Die Situation zwischen Profi und Patient ist asymmetrisch, dessen sollte sich der Arzt bewusst sein: Er, der Profi, kehrt nach der Diagnose in seinen Alltag zurück, für den Kranken ändert der Ausspruch der Wahrheit das ganze weitere Leben. Krebspatienten, so zeigen zahlreiche Untersuchungen, erinnern sich noch Jahre später an das erste Gespräch, in dem das Wort „bösartig“ fiel.

Der Arzt steht im Klinikalltag permanent unter Termindruck, dennoch sollte er sich genau überlegen, wann er ein solches Gespräch führt. Oft entscheiden schon kleine Dinge darüber, wie der Patient eine lebenserschütternde Diagnose aufnimmt: Ein Termin am Morgen ist günstiger als einer am Abend, danach bleibt Zeit für Rückfragen. Bei einem Termin am Abend oder unmittelbar vor dem Wochenende wird der Patient mit seiner Angst alleingelassen. Auch die Körperhaltung des Arztes spielt eine Rolle. Sie entscheidet darüber, ob der Kranke die Situation als wahrhaftiges Gespräch wahrnimmt oder als Verkündigung einer unumstößlichen Gewissheit. Der Mediziner sollte sich zum Patienten setzen und nicht stehen bleiben, um aus Selbstschutz seinen Status zu betonen. Wenn der Kranke es wünscht, können der Partner oder die Kinder dabei sein. Die Angehörigen getrennt zu informieren, erzeugt den Eindruck, es gebe etwas zu verbergen.

Das Bewusstsein dafür, wie diese Umgangsformen den Verlauf der Therapie beeinflussen, ist bei Medizinern in den vergangenen Jahrzehnten gewachsen. Klinisch tätige Onkologen gaben in Unfragen an, immerhin 90 Minuten am Tag mit Patientengesprächen zu verbringen.

Die Quantität sagt allerdings wenig über die Qualität. Oft ist der Fachmann davon überzeugt, alles gesagt zu haben, bisweilen hat er sich jedoch nur hinter seinen Fachtermini verschanzt. Doch selbst dann, wenn er sich verständlich ausdrückt, kommt beim Patienten aufgrund der belastenden Situation nur ein Bruchteil an. Der Arzt muss bereit sein, den Teil der Wahrheit, den er für zumutbar hält, so lange zu wiederholen oder anders zu formulieren, bis seine Botschaft den Empfänger erreicht.

Das erste Gespräch ist das schwierigste, aber es bleibt nicht das einzige. Ein Schwerkranker wird viele Phasen durchmachen: Er wird die Diagnose nicht wahrhaben wollen, wird sich dagegen auflehnen, den Arzt beschimpfen oder dessen fachliche Autorität anzweifeln, er wird in Depressionen verfallen und kaum ansprechbar sein und, wenn Heilung ausgeschlossen ist, vielleicht irgendwann den Tod akzeptieren können. Der Arzt muss nicht immer die volle Wahrheit sagen, aber was er sagt, muss wahr sein. Falsche Hoffnungen untergraben das Vertrauen, selbst wenn die Täuschung in bester Absicht geschieht. Die Wahrheit in Raten dagegen kann echte Hoffnung spenden, nicht auf Heilung, aber darauf, individuell durch die Krankheit begleitet zu werden.

Diese Gespräche fordern den Arzt genauso wie die medizinischen Maßnahmen am OP-Tisch. Der Film über Ferdinand Sauerbruch mag kitschig und patriarchalisch anmuten, eine Aussage bleibt jedoch inmitten der verstaubten Schwarz-Weiß-Weißkittel-Ästhetik modern: Sogar der ruhmreichste Chirurg kann seine Kernkompetenzen nicht auf den kunstvollen Einsatz des Skalpells beschränken. Er muss mit seinen Patienten reden, hier ist er durch niemanden zu ersetzen.

Die aktuelle Gesundheitspolitik hat jedoch eine Fehlentwicklung eingeleitet: Sie zwingt Ärzten immer mehr Dokumentationsaufgaben und Bürotätigkeiten auf. Der Mediziner verwendet Energie und Zeit auf eine Arbeit, die er guten Gewissens geschultem Personal anvertrauen könnte. Die Stunden und die Kraft, die er dafür braucht, wären in Patientengesprächen besser investiert. Diese lassen sich eben nicht an die Krankenschwester oder den Krankenhausseelsorger delegieren.

Den Patienten durch die Krankheit führen, ist eine anspruchsvolle Aufgabe. Der Arzt operiert mit jedem Gespräch am „offenen Herzen". Er kann dem Kranken die Wahrheit wie einen nassen Waschlappen um die Ohren schlagen. Damit die Operation gelingt, sollte er sie wie einen Mantel hinhalten, in den der Patient hineinschlüpfen kann.

Menschen, Klone, Sensationen – Was Wissen schafft

Lügen haben lange Beine – so lang, dass sie zum Fortschritt reichen. Bertolt Brecht dichtete im Drama „Galileo Galilei" dem großen Gelehrten folgende Episode an: Sein Schüler Ludovico erzählt ihm von einem Wunderding, das er in Amsterdam gesehen hat. Es kann mit zwei Linsen alle Gegenstände näher heranholen. Galileo hört dem Jungen aufmerksam zu, experimentiert mit zwei Linsen in einem Rohr und stellt schließlich den Herren von Venedig das Gerät als das Ergebnis langjähriger, geduldiger Forschung vor. Sein Schüler Ludovico meint nicht das Ergebnis, als er sagt: „Ich glaube, ich fange an, etwas von Wissenschaft zu verstehen."

Die Wissenschaft ist jener Bereich, an den in punkto Wahrheit höchste Anforderungen gestellt werden. Zum wissenschaftlichen Ethos gehören Überprüfbarkeit und Korrekturbereitschaft. Versuchsanordnungen müssen so offengelegt werden, dass Konkurrenten das Experiment nachstellen können. Kommen sie zu anderen Ergebnissen, muss der Wissenschaftler bereit sein, seine eigene Position zu revidieren.

Der Rückruf der eigenen Thesen mag ein Zeichen von wahrer Größe sein, ein gutes Image hat er selten. Wissenschaft lebt – auch im finanziellen Sinne – von der Innovation, nicht von der Revision. Ptolemäus, Galilei und Newton brachten trotz oder mit ihrer Messwertkosmetik ihre Disziplinen entscheidend voran.

Ganz anders gehen die Wissenschaftszocker vor: Sie erliegen der Versuchung, Forschung als Spiel aufzufassen. Ein Forscher dieses Schlags stellt eine These nicht etwa deshalb zur Diskussion, weil sie ihn inhaltlich überzeugt, sondern deshalb, weil sie auf dem Markt noch fehlt. Während alle anderen auf schwarz setzen, ruft er laut „rot" nach dem

Motto: „Ich vertrete einmal das Gegenteil der Standardtheorie, auch wenn es extrem unwahrscheinlich ist, dass ich recht habe. Hauptsache der Gedanke ist in der Welt." In diesem Verständnis von Wissenschaft wird die herrschende Lehre aus Prinzip infrage gestellt, nicht aus Wahrheitsliebe. Der Hauptgewinn ist Selbstmarketing, weniger Erkenntnis.

Wissenschaftler stehen unter enormem Zeitdruck, denn derjenige, der den Ersterfolg hat, bekommt die ganze Gratifikation. Bei aller Bibelferne gilt das Matthäus-Prinzip: Wer hat, dem wird gegeben. Preise, Ehrungen und Forschungsgeld gehen an die, die schon Preise, Ehrungen und Forschungsgeld haben. Oft fließt staatliches Geld erst, wenn Drittmittel eingeworben werden. Dieses System reizt dazu, die Standards herabzusetzen: Rechenergebnisse werden als Messwerte ausgeben, Fremdes verwandelt sich flugs in Eigenes, es werden Zahlenkolonnen erfunden und Bilder manipuliert. Man macht sich schön für den Markt, frisiert Daten und schminkt Unebenheiten weg.

Hwang Woo-Suk, ein Veterinärmediziner aus Südkorea, überraschte im Jahre 2004 die Fachwelt: Angeblich war es ihm gelungen, mit Hilfe eines Zellkerntransfers einen geklonten menschlichen Embryo zu erzeugen und aus ihm Stammzellen zu gewinnen. Im Juni 2005 widmete ihm die Fachzeitschrift „Science" die Titelgeschichte: Hwang Woo-Suk präsentierte in dem angesehen Blatt elf angeblich maßgeschneiderte embryonale Stammzell-Linien, die er aus geklonten Embryonen gewonnen hatte – ein Meilenstein auf dem Weg zur Entwicklung von Therapien. In seiner Heimat wurde er als „König des Klonens" gefeiert, die Regierung unterstützte seine Forschung mit Milliardenbeträgen, weil es sich um ein nationales Prestigeprojekt handelte. Ein halbes Jahr nach der spektakulären „Science"-Story kam die Wahrheit heraus: Der gefeierte Forscher hatte die Daten schlicht gefälscht, die Zellen waren keinesfalls maßgeschneidert, also passgenau für den erkrankten Patienten, sondern basierten auf vorhandenen Stammzellenlinien. Damit war sein Ruhm dahin, Hwang Woo-Suk entschuldigte sich und legte seine Professur an der Nationaluniversität von Seoul nieder.

Schon in den 1990er Jahren hatten die beiden Krebsforscher Friedhelm Herrmann und Marion Brach den Glauben an die Sauberkeit der deutschen Wissenschaft erschüttert. Sie hatten serienweise mit geglätteten Daten gearbeitet, ein System von Abhängigkeiten verhinderte jedoch zunächst, dass die Ergebnisse nachprüfbar waren. Bis ein junger Postdoc aus der Arbeitsgruppe des Erfolgsduos sein Unbehagen öffentlich machte. Der Fall Herrmann/Brach diskreditierte zudem die gängige Praxis der Co-Autorenschaft. Diese hatte einst den Sinn, dass Koryphäen des Fachs mit ihrer Prominenz einem unbekannteren Wissenschaftler zu mehr Aufmerksamkeit verhalfen. Die Autorenvermehrung wurde jedoch dazu benutzt, die Verantwortung für Thesen und Zahlen in der Fachöffentlichkeit zu verschleiern.

Die Biowissenschaften und die Krebsforschung gelten, gerade weil in der Bekämpfung westlicher Zivilisationskrankheiten der ganz große Durchbruch aussteht, als besonders anfällig für Aufschneiderei und Manipulation. Wer hier spektakuläre Erkenntnisse präsentiert, kann damit rechnen, auf einen Schlag mehr als reich und berühmt zu werden. Es winkt nicht nur der Nobelpreis, sondern der Status als Heilsbringer.

Doch auch andere Disziplinen, an denen ein unmittelbares wirtschaftliches und gesellschaftliches Interesse besteht, führen in Versuchung, es mit der Wahrheit nicht ganz so genau zu nehmen. Im Jahre 2001 schien die Physik einen neuen Einstein gefunden zu haben. Der junge Wissenschaftler Jan Hendrik Schön veröffentlichte in den Magazinen „Nature“ und „Science“ mehrere Artikel mit bahnbrechenden Erkenntnissen über Halb- und Supraleiter, er war als Direktor des Max-Planck-Instituts für Festkörperforschung im Gespräch. Eine einzigartige Laufbahn für einen gerade mal Dreißigjährigen. Schön publizierte Schlag auf Schlag, bis ihm ein Diagramm zum Verhängnis wurde. Mit derselben Kurve hatte er zwei verschiedene Themen illustriert. Eine Kommission überführte das Physikgenie des Betrugs im großen Stil, der Wissenschaftler selbst beteuerte, nichts gefälscht zu haben. Er stürzte schnell ab, die physikalische Revolution wurde abgesagt.

Die genannten Beispiele sind Einzelfälle, allerdings besonders spektakuläre, zeigen sie doch, dass sogar die renommiertesten Zeitschriften als Kontrollinstanz versagten, sobald eine Sensation ruchbar wurde. Seitdem sind die Magazine bemüht, ähnliche Fälle zu vermeiden, weniger aus Wahrheitsliebe denn aus Selbstschutz.

Auch in der Wissenschaftsgemeinschaft haben die Affären etwas verändert: Ein Forscher, der es wagt, Zweifel anzumelden, muss nicht mehr damit rechnen, dass er seine Zukunft verspielt hat. Das sogenannte Whistle Blowing, also das Verpetzen unredlicher Praktiken, galt einst als Nestbeschmutzung, jetzt ist es ein wichtiges Instrument der Selbstreinigung. Die Grenze zwischen Freundschaftsdienst und Komplizenschaft wurde zudem schärfer gezogen. Ehrenautoren wie im System Herrmann/Brach gibt es nicht mehr. Wer etwas publiziert, steht dafür mit seinem Namen gerade.

Schärfere Kontrollen können einen Teil der Probleme lösen. Der andere Teil hängt von der Verantwortung des Einzelnen ab. Nur wer schreibt, bleibt; publish or perish, veröffentliche oder gehe unter, gilt weiterhin als Naturgesetz. Der frühere Präsident der Deutschen Forschungsgemeinschaft, Wolfgang Frühwald, berichtet in einem Aufsatz zum Thema „Betrug in der Wissenschaft“ von einem Kettenbrief, der ihn 1999 erreichte. „Dear Fellow Scientist“, stand da. „Dieser Brief bringt Ihnen Glück und Erfolg, wenn Sie seinen Instruktionen folgen: Nehmen Sie in Ihren nächsten wissenschaftlichen Aufsatz die unten angegebenen Titel wissenschaftlicher Arbeiten auf! Entfernen Sie das erste Titelzitat und fügen Sie in Ihrem Aufsatz am Ende einen Titel hinzu. Machen Sie zehn Kopien und senden Sie diese an Kollegen!" Wer den Anweisungen folge, so versprach der Absender, werde zum vielzitierten Wissenschaftsstar. Die verlockenden Aussichten: „Das wird Ihre Fachbereichskollegen verblüffen, Ihren Aufstieg beschleunigen und Ihr Sexualverhalten stimulieren."

Der Brief mag satirisch gemeint sein, er zeigt jedoch eine Schwachstelle im vermeintlich objektiven Messsystem wissenschaftlicher Bedeutsamkeit: Der Impact Factor, also die Belohnung von Aufsätzen in besonders wichtigen Zeitschriften mit einer hohen Punktzahl, und der Zitations-Index werden zum Fetisch. „Als alleinige Wertungsmaßstäbe verwendet, verführen sie zu Zahlenspielen und leisten der Unredlichkeit Vorschub", kritisiert Frühwald. Was sind andere, ergänzende Wertungsmaßstäbe? Was heißt redlich? In der Welt von Supraleitern und Teilchenbeschleunigern mag die Antwort wie ein Fremdkörper klingen: Entschleunigung durch Gewissenhaftigkeit.

Redliche Wissenschaft lässt verschiedene Perspektiven zu, bedenkt mit, dass die Messung auch anders ausgehen könnte und wird skeptisch, wenn jede Rechnung ohne Rest aufgeht. Eine Studie zu den Strahlenrisiken des Mobilfunks etwa, die zu dem Schluss „ganz unbedenklich" kommt, muss ebenso skeptisch machen wie das Ergebnis „völlig unverantwortlich". Redliche Wissenschaft macht ihre Meinung nicht von Auftraggebern abhängig und verkauft ihren Finanziers keine Wunschergebnisse. Langfristig am überzeugendsten ist der Wissenschaftler ohnehin dann, wenn er selbst von der Wahrheit seiner Publikation überzeugt ist. Galilei und Newton mögen bei ihren angeblichen Messwerten zum Fallverhalten und der Schallgeschwindigkeit geschummelt haben, auch Ptolemäus wird nachgesagt, seine

Fixsternkarte größtenteils abgeschrieben zu haben. Aber wenigstens waren die drei Überzeugungstäter. Sie glaubten an ihre Thesen und waren gerade deshalb nicht immer bereit, sich ihre große Wahrheit von kleinkarierten Tabellen zerstören zu lassen. Sie nahmen die Wahrheit ernst.

Lügen wie gedruckt – Die Wahrheit der Medien

„Jede Wahrheit braucht eine Mutige, die sie ausspricht". Ein Satz wie gemeißelt stand vor einigen Jahren in weißen Lettern auf rotem Untergrund. Unter der Schlagzeile lächelte Alice Schwarzer zufrieden. Vor dem Plakat rieben sich müde Menschen an Bushaltestellen die Augen: Sahen sie richtig? Leuchtete dort, wo sich Alices Arme auf dem schwarzen Pullover kreuzen, das rote Logo der Bildzeitung? Ausgerechnet das Boulevardblatt behauptete, Ort und Hort der Wahrheit zu sein. Neben Alice Schwarzer musste Albert Einstein samt $E=mc^2$ als Zeuge herhalten. Wäre nicht eine Kampagne mit dem Konterfei Verona Pooths, ehemals Feldbusch, und dem Slogan „Bei uns werden Sie gelogen" passender gewesen?

Intellektuelle haben, anders als zur Zeit der Katharina Blum, keinen Grund mehr, hochmütig auf den Boulevard herabzublicken und mit einer „Bild-lügt"-Kampagne den Slogan zu kontern. Nicht etwa deswegen, weil die „Bild"-Zeitung sich um 180 Grad gedreht hätte, sondern weil die Medienkonkurrenz unser Bild von der Welt so stark verändert hat. In den siebziger Jahren des vergangenen Jahrhunderts reichte es, Witwen zu schütteln und zu den herausfallenden Fotos eine Lebensgeschichte zu dichten, entweder die eines Schuldigen oder die eines Unschuldigen, eines Terroristenliebchens oder einer treusorgenen Chefgattin, je nach Bedarf. Darin lag die Macht des gewissenlosen Journalisten, den Heinrich Böll in seinem Roman „Die verlorene Ehre der Katarina Blum“ karikiert.

Mittlerweile hat sich das Publikum in viele Zielgruppen zersplittert; manche davon ducken sich, sobald Medienprofis harte Fakten auf sie abfeuern. Information ist vor allem im Fernsehen nur noch ein Bedürfnis unter vielen, Unterhaltung und Service stehen im Publikumsinteresse gleichberechtigt daneben. Viele Zuschauer – nach manchen Schätzungen sind es mehr als 50 Prozent – meiden jede politische Information. Lieber zappen sie zwischen Liebesschwüren im herbstlich gefärbten süd-englischen Laub und dem Frühlingsfest der Volksmusik. Was Rosamunde Pilcher sonntagsabends erzählt, muss nicht wahr sein und das Pappbrückerl übers künstliche Bacherl muss nicht halten.

Die Lügenbarone aus Bölls Zeiten würden sich heute lächerlich machen. Es gibt sie noch, die erdichteten Geschichten und manipulierten Fotos, doch sie müssen mit weitaus größerem Druck im Markt platziert werden als früher, einzelne Medien erreichen bestenfalls noch Teilöffentlichkeiten. Auch die Wahrheit hat an Wucht verloren: Vor zwanzig Jahren konnte ein TV-Politmagazin, das Würmer im Fisch zeigte, Millionen Deutschen wochenlang den Appetit verderben, inzwischen stehen die Stern-TV-Enthüllungsgeschichten über Ekliges in der Fertigpizza und die N-24-Industriereportage mit blitzsauberer Tiefkühlpizzafabrik friedlich nebeneinander. Die „Spiegel“-Titelstory, die die Republik bewegt, ist selten geworden, der Polit-Magazinbeitrag, über den alle diskutieren, erst recht.

Großangelegte Lügen können jedoch auch in einem Zielgruppenpublikum erfolgreich sein: Der Golfkrieg zum Beispiel wurde unter anderem mit einer erfundenen Gräuelstory gerechtfertig. Mit bebender Stimme sagte ein 15-jähriges Mädchen, angeblich eine freiwillige Helferin im Krankenhaus von Kuwait, im Oktober 1990 vor dem US-Kongress aus. Sie erzählte vor laufenden Kameras, wie irakische Soldaten Babys aus den Brutkästen rissen und zu Boden warfen. Andere Sender übernahmen die Bilder ungeprüft, George Bush sen. nutzte die Brutkastengeschichte, um für den Krieg gegen den Irak zu werben. Ein Regime, das nicht davor zurückschreckte, Hunderte wehrlose Säuglinge zu töten, hatte keine Gnade verdient. Im Dezember 1990 übernahm Amnesty International die Geschichte in einen Bericht über die Lage der Menschenrechte im Irak. Erst später, als der Krieg entschieden war, stellte sich heraus, dass die vermeintliche Helferin die Tochter des kuwaitischen Botschafters war und nie in einem Krankenhaus gearbeitet hatte. Eine Organisation namens „Citizens for a Free Kuwait" hatte das Schauspiel als Teil einer PR-Kampagne in Auftrag gegeben. Die Brutkastenlüge illustrierte eine Binsenweisheit: Das erste Opfer des Krieges ist die Wahrheit.

Schon damals quittierte das Publikum die Allianz von Politik, Medien und PR eher mit Schulterzucken als mit Empörung. Es scheint so, als erwarte es nichts anderes mehr, weder in Kriegs- noch in Friedenszeiten.

Eine rundum medial versorgte Gesellschaft hat andere Ansprüche als eine, die sich um das einzige Radio oder Fernsehen des Dorfes schart. Ein großer Teil des übersättigten deutschen Publikums verlangt von den Medien inzwischen statt Aufklärung über die Welt die Aufnahme in eine Ersatzwelt. Der Zuschauer flüchtet in komplett eingerichtete Lügengebäude, mal im Landhausstil à la Rosamunde Pilcher, mal im IKEA-Chic von Gute-Zeiten-Schlechte-Zeiten-Marienhof-Verbotene-Liebe. Im Gegenzug signalisieren Formate wie „Deutschland sucht den Superstar" und „Germany's Next Top Model": Komm rein in unsere Kunstwelt, weine dort echte Tränen und wir werden dein kleines Leben verändern. Genre-Namen wie „Reality-TV" oder „Real Life Docu" behaupten dagegen: Etwas Wahres ist an unserer Ware doch noch dran. Wir vom Fernsehen erziehen deine Kinder, reduzieren deine Schulden, erwischen dich beim Sozialschmarotzen, eröffnen mit dir ein Restaurant, räumen deine Wohnung um und bringen dich runter von drei Flaschen Whisky täglich. Du brauchst weder Politiker noch die Anonymen Alkoholiker, du braucht nur uns, dann geht alles ganz schnell. Was sich „real" nennt, bietet die Alternative zur wahren Welt an.

Natürlich gibt es ihn noch, den Journalisten, der solide täglich das Neueste aus dem Stadtrat berichtet, der für die „Süddeutsche" von der Münchner „Hamlet"-Premiere schreibt oder die „Tagesschau"-Meldungen formuliert. Er mag redlich versuchen, die Welt nach bestem Wissen und Gewissen so zu beschreiben, wie sie ist. Doch wer differenziert, steht auch in seriösen Medien oft als Meinungschwächling da.

Auch politische Botschaften werden von der Ökonomie der Aufmerksamkeit diktiert. Die Akteure besetzen Begriffe und speisen Schlagworte in die öffentliche Verwertungskette ein. Komplexität ist unerwünscht und wird vom Publikum abgestraft. Der Politikbetrieb wird als Show wahrgenommen.

Als im Oktober 1987 der damalige schleswig-holsteinische Ministerpräsident Uwe Barschel sein Ehrenwort darauf gab, dass er seinen Konkurrenten Björn Engholm vor der Wahl nicht hatte ausspionieren lassen, konnte er noch darauf hoffen, dass die Öffentlichkeit raunte: „Donnerwetter, ein Ehrenwort, dann muss es ihm ja ernst sein". Heute, zahlreiche Ehrenworte später, wendet sich das Publikum desinteressiert von pathetischen Wahrheitsbekundungen ab. Paradoxerweise aber erhebt das Wahlvolk, gerade weil es seiner politischen Elite Unehrlichkeit unterstellt, die Glaubwürdigkeit zu einem wahlentscheidenden Kriterium.

Journalisten bringt diese Gemengelage in eine schwierige Situation. Es ist einerseits reizvoll, jeden Politiker der Falschaussage zu verdächtigen. Der ARD-Moderator Frank Plasberg hat für seine Talkshow „Hart aber fair" einen Fakten-Check eingeführt, „Der Spiegel" unterzieht Zitate einem Münchhausen-Test, im amerikanischen Wahlkampf entlarvten Blogger in Echtzeit die Lügen und Wissenslücken der Kontrahenten. Andererseits wäre es für die politische Kultur fatal, wenn jede Äußerung eines Volksvertreters per se unter Lügenverdacht stünde. Journalisten sollen Missstände aufzeigen, ohne das gesamte System zu diskreditieren.

Ein Werbespruch wie „Die Wahrheit braucht einen Mutigen, der sie ausspricht" nutzt diese zwiespältige Situation der Journalisten. Er unterstellt, dass Unwahrheit die Regel geworden ist und es mindestens eines neuen Albert Einsteins bedarf, um diese Übermacht der Lüge zu brechen.

Weder Wissen noch Gewissen steuern Auswahl und Umsetzung der Themen, sondern Marktdaten und Publikumsanalysen. Nach klassischer Nachrichtendefinition ist berichtenswert, was außergewöhnlich, bedeutsam und eindeutig ist. Prominenz, Betroffenheit, regionale Nähe, Ausmaß, Konfliktpotenzial sind Auswahlkriterien.

Mittlerweile jedoch ist die simple Frage: „Was gibt es Neues?" weniger wichtig als die Überlegung: Wen interessiert das? Wer zahlt dafür? Nachrichten müssen nicht mehr, wie das Wort News behauptet, mit Neuigkeiten überraschen, sie müssen vor allem Zielgruppeninteressen bedienen. Madonnas Ehe-Aus war deshalb für RTL II-Zuschauer die Top-Meldung eines Herbsttages 2008, das „Tagesschau"-Publikum erfuhr zu gleichen Zeit erst einmal vom Ende der Bayerischen Landesbank. Journalismus ist vom Dienst an der Öffentlichkeit zur Dienstleistung an Teilöffentlichkeiten geworden.

Moralische Dienstleister wie etwa der Deutsche Presserat halten das Bewusstsein dafür wach, dass trotz der verschärften Medienkonkurrenz jeder einzelne Artikel Folgen hat. Trotz der oben skizzierten Veränderungen in der Wertschätzung von Wahrheit und Lüge hält der Kodex des Presserates an dem Grundsatz fest: So viel Wahrheit wie möglich. Konkret heißt das: Journalisten sollen Rede und Gegenrede einholen und beides wiedergeben, Kommentare deutlich von der Nachricht trennen, Werbung erkennbar von redaktionellem Inhalt absetzen, sich nicht mit Werbegeschenken kaufen lassen, Verdächtige nicht zu Tätern erklären und bei mutmaßlichen Tätern mit Informationen zum ethnischen Hintergrund vorsichtig sein. In Ethikseminaren lernt der angehende Redakteur zudem, dass es einen Unterschied macht, ob von „Befreiungskämpfern", „aufständischen Rebellen" oder „Terroristen" die Rede ist. Die Sprache muss präzise sein. Genauigkeit geht vor Schnelligkeit. In jedem Punkt wird klar: Guter Journalismus stellt andere Anforderungen als erfolgreicher Journalismus. Der Vermittler zwischen Sender und Empfänger ist mitnichten ausschließlich der neutrale Überbringer einer Botschaft. Er ist Anwalt des Publikums, er muss seine Informanten schützen, er ist aber auch Teil der Botschaft, die es ohne ihn nicht gäbe.

Trotz detaillierter Verhaltensvorgaben entstehen im Alltag Konflikte, die kein Kodex im Voraus geregelt hat. Wie viel Wahrheit ist also wann möglich? Ein Reporter recherchiert zum Beispiel über eine Mädchengang in den Hochhaussiedlungen am Rande der Großstadt. Es scheint ein trister Film zu werden. Die Jugendlichen hängen an den immergleichen Plätzen ab, hören die immergleiche laute Musik, klopfen die immergleichen Sprüche. Nach einigen Tagen ändert sich etwas: Harte Drogen machen die Runde, der Reporter darf zuschauen, wie sie gegen Geld den Besitzer wechseln. Soll der Journalist, mit dem Selbstverständnis des neutralen Beobachters, alles weiterlaufen lassen wie bisher? Er deckt eine Straftat, wenn er schweigt. Aber wenn er redet, ist nicht nur der Film dahin, er hat auch das Vertrauen der Mädchen missbraucht. Er hatte ihnen versprochen, sie so zu nehmen, wie sie sind.

Die Skrupelloseren der Zunft würden, um dem Film mehr Pep einzuspritzen, den Jugendlichen Drogen kaufen und einen Deal vor laufender Kamera nachstellen. Damit werden sie vom Mitwisser zum Komplizen, sie verändern die Wirklichkeit, die sie abzubilden vorgeben. Ethisch sensiblere Journalisten würden in dieser Situation wohl die Jugendlichen nicht verraten, sei es aus Angst um das ganze Projekt, sei es, um ihrem Versprechen treu zu bleiben. Die Drogenszene ließen sie außen vor, allenfalls im Text könnte sie angedeutet werden. Um ihr schlechtes Gewissen zu beruhigen, würden sie im Gespräch ihren Vertrauensvorschuss dazu nutzen, bei den Jugendlichen Unrechtsbewusstsein zu wecken.

Noch häufiger als das gebrochene Gesetz bringt den Journalisten der gesprochene Satz in Bedrängnis. Da ist zum Beispiel der Politiker, der sich in einem Interview zum hochkomplexen Thema Gesundheitsfond auf eine reizvolle Komplexitätsreduktion einlässt: „Die XY", legt er los, „nimmt in der Partei doch ohnehin keiner mehr ernst. Die wird für ihren Vorschlag nie eine Mehrheit finden." In der autorisierten Version wird daraus: „Frau XY hat einen außerordentlich konstruktiven Vorschlag gemacht, über den es sich zu diskutieren lohnt". Der Leser weiß in der Regel nicht, dass ein Interview selten so gedruckt wird, wie es geführt wurde. Er erliegt der Illusion, ein Gesprächsprotokoll nachzulesen. Die gesäuberte Fassung, die das Pressebüro des Politikers geschickt hat, direkt ins Redaktionssystem zu kopieren, ist der bequemste Weg: Es droht kein Ärger, weder mit dem Interviewten noch mit dem Publikum, das ja nicht ahnt, was dort hätte stehen können. Autorisieren heißt in dem Fall: Der Journalist stellt auf Autopilot, er gibt das Steuer aus der Hand. Wer sein Gewissen einschaltet, gewinnt Verhandlungsfreiheit zurück. Er muss überlegen: Welche Aussage darf unter keinen Umständen verloren gehen? Von welchem Punkt an ist es sinnvoll, im Namen der Öffentlichkeit mit Nicht-Veröffentlichung zu drohen? Die Schimpftirade gegen Kollegen XY mag keine dringend notwendige Sachinformation geben, sie mag die viel beklagte Personalisierung von Themen schüren und den Konflikt als Unterhaltungsstoff verkaufen. Doch auch derartige Äußerungen, die wenig zur Sache, aber viel zur Person beitragen, geben Aufschluss darüber, nach welchen Mustern Politik abläuft. Unsachlichkeit sachgerecht abzubilden, ist auch die Pflicht des Journalisten.

Bisweilen drängt das Gewissen den Interviewer jedoch in eine andere Richtung. Was tun, wenn aus dem Interview ein vertrauensvolles Gespräch wird? Wenn der Interviewte die Wirkung seiner Aussagen nicht abschätzen kann und auch die Bitte um Autorisierung keine Alarmglocken schrillen lässt? Medienlaien können kaum vorhersehen, wie ihre Worte wirken, wenn sie das vertraute Umfeld verlassen. Ein verantwortungsvoller Journalist wird darauf hinweisen, dass es einen Unterschied macht, ob die Schimpfkanonade gegen „die Idioten vom Sozialamt" unter Freunden bleibt oder in der Zeitung steht. Das Bemühen um Authentizität muss in diesem Fall hinter dem Bemühen zurückstehen, Betroffene vor sich selbst zu bewahren.

Selbst wer ständig mit der medial gewieften Politikerzunft zu tun hat, sollte sich nicht alle Beschützerinstinkte abgewöhnen. Heribert Prantl, Innenpolitikchef der Süddeutschen Zeitung, beschreibt in dem Buch „Ethik im Redaktionsalltag" im Kapitel „Aus Fehlern lernen", wie ihn sein ethisches Empfinden im Stich ließ: Er hatte im September 1993 ein Interview mit dem damaligen sächsischen Justizminister Steffen Heitmann geführt, der als CDU-Kandidat für das Amt des Bundespräsidenten im Gespräch war. Heitmann sprach über den Umgang mit der NS-Zeit, er äußerte den Wunsch, dieses „Ereignis einzuordnen". Es dürfe keine dauerhafte Hypothek sein. Der Profi Prantl ahnte, wie dankbar Heitmanns Kritiker diese Vorlage nutzen würden. Er legt dem Politiker die Abschrift des Interviews vor, obwohl ihn dieser nicht ausdrücklich darum gebeten hatte.

Heitmann, dem als ehemaliger DDR-Bürger die Debattenroutine beim Thema Vergangenheitsbewältigung fehlte, hatte kaum Änderungswünsche, die verfänglichen Passagen ließ er kommentarlos passieren.

Die Geschichte entwickelt sich so, wie der erfahrene Journalist es beim Abhören des Bandes geahnt hat: Die Aussagen zur NS-Vergangenheit kursieren überall, die Partei rückte von ihrem potenziellen Kandidaten ab, Heitmann galt bald als nicht mehr präsidentiabel. Seinen selbstkritischen Rückblick beendet Prantl mit den Worten: „Es hat im Frage- und Antwort-Spiel ein Satz gefehlt, zu dem keine journalistische Regel verpflichtet. Der Satz hätte gelautet: „Sie reden so, dass Sie Ihre Kritiker in Ihrer Kritik noch bestätigen. Sie reden sich um Kopf und Kragen."

Der Kampf um die Deutungshoheit über die NS-Vergangenheit tobt nach wie vor. Die bis in die neunziger Jahre vorherrschende Betroffenheits-und-Trauer-Rhetorik wurde abgelöst von der Lust am vermeintlichen Tabubruch. Spätestens seit Martin Walsers Friedenspreisrede 1998 enden viele Aussagen zur Vergangenheit mit dem Satz „Das wird man doch wieder sagen dürfen in Deutschland". Die historische Wahrheit – Deutsche waren Opfer von Vertreibung und Luftkrieg – wird gegen die Tatsache ausgespielt, dass die Juden Opfer eines in der Menschheitsgeschichte singulären Verbrechens waren. Die eine Wahrheit hebt die andere nicht auf. Wer an das Unrecht der Vertreibung erinnert, darf nicht verschweigen, wo und wodurch das Unheil seinen Lauf nahm, das die Landkarte Europas und weite Teile der übrigen Welt in eine Topographie des Todes und der Zerstörung verwandelte. Zur historischen Wahrheit gehört auch, dass Flucht und Vertreibung seit Menschengedenken die grauenvolle Realität des Krieges bestimmen, während das Programm des Holocaust – die systematische Vernichtung eines ganzen Volkes aus rassistischer Verblendung – eine bislang einmalige Entgleisung der zivilisierten Menschheit darstellt.

Ganz gleich, an welchem Thema sich eine deutsche Debatte entzündet, irgendwann wird sie eine scharfe Rechtskurve einschlagen und bei den Worten Hitler, Juden oder der Gestapo landen. Im Oktober vergangenen Jahres bewies der Wirtschaftsexperte Hans-Werner Sinn, Chef des Münchner Ifo-Instituts, dass sogar die Finanzkrise mit dem Nazi-Thrill aufgepeppt werden kann: Er befand, die Banker von heute müssten wie die Juden nach der Krise von 1929 als Sündenböcke herhalten.

Beim „Tagesspiegel", der den Text druckte, galt das offenbar als originelle These, die dringend auf dem Meinungsmarkt feilgeboten werden musste. Sinn musste sich wenige Tage später öffentlich entschuldigen. Man wird es also sagen dürfen in Deutschland, aber wenn man es sagt, bleibt es nicht unwidersprochen. Und das zu Recht. Nicht weil eine „Sprachpolizei" eingreift, wie Kritiker der „Political Correctness" gern behaupten, sondern weil derartige Gleichsetzungen den Anstand gegenüber jenen vermissen lassen, die gelitten haben. Zur Wahrheitsfindung tragen sie ohnehin nichts bei.

Meine Wahrheit, deine Wahrheit – Was Kulturkampfrichter anrichten

Die Konfliktlinien, die jede öffentliche Auseinandersetzung mit der NS-Vergangenheit bis heute bestimmen, setzen sich auf einem anderen Thementerrain fort: beim sogenannten „Kampf der Kulturen", einem Begriff, der einen Titel von Samuel Huntington aufgreift. Huntington entwickelt in seinem Buch allerdings ein Zukunftsszenario. Wer sein Schlagwort auf die Gegenwart anwendet, verändert durch die Wahl der Vokabeln die Welt, die er zu beschreiben versucht. Wer vom Kampf der Kulturen spricht, macht auch Wahrheit zum Kampfbegriff. Er bringt die eigene Wahrheit gegen die Unwahrheit des Fremden in Stellung.

Auch für das Reden über „den Fremden“ hat sich eine politisch korrekte Sprache herausgebildet. „Political Correctness“ hatte ursprünglich den Sinn, die Sprache von Vorurteilen zu befreien. Deshalb verschwindet hinter einer Formulierung wie „Menschen mit Migrationshintergrund“ zunächst einmal die Nationalität, eine Hauptquelle für Klischees. Der Mensch rückt ganz nach vorne.

Journalisten haben diese Formulierung mit widersprüchlichen Gefühlen übernommen: Einerseits wirkt das Wort wie ein Fremdkörper in jedem Text, andererseits ist es hilfreich, um Wörter wie „Ausländer“, „Gastarbeiter“ oder „deutschtürkische Mitbürgerinnen und Mitbürger“ zu umgehen.

Die politisch korrekte Sprache hinterlässt auch bei denen, an die sie sich richtet, einen zwiespältigen Eindruck. Der Leser der Lokalzeitung reagiert zum Beispiel höchst empfindlich darauf, wenn ihm der Nachrichtenredakteur in einer Meldung über eine Straftat die Informationen über die ethnische Herkunft verschweigt, obwohl doch jeder im Ort darüber Bescheid weiß. Das Korrekte erscheint als Lüge oder zumindest als Verschweigen der ganzen Wahrheit.

Heute ist die einstige Multi-Kulti-Spielwiese zum verminten Terrain geworden, auf dem konservative Leitartikler ums Abendland kämpfen. Journalismus begnügt sich nicht mehr mit dem Versuch, den Status Quo zu beschreiben, er testet und verschiebt Grenzen.

Am 30. September 2005 veröffentlichte die dänische Zeitung „Jyllands Posten“ zwölf Karikaturen, auf denen unter anderem Mohammed mit einem Turban als Bombe zu sehen war. Schon im Oktober desselben Jahres erstatteten einige islamische Organisationen Strafanzeige wegen Blasphemie, aber erst einige Monate später, als der in Kopenhagen lebende Imam Ahmend Abu Laban die Zeitung auf einer Reise im Nahen Osten verbreitete, zogen die Strichzeichnungen größere Kreise. Es entstand das, was als „Karikaturenstreit“ in die Mediengeschichte eingehen sollte.

Anfang Februar 2006 brannten dänische Botschaften in Damaskus, Jakarta und Beirut, auch aus Pakistan, Nigeria und dem Iran wurden gewalttätige Konflikte gemeldet. „Jyllands Posten" argumentierte, frei nach Kurt Tucholsky, dass Satire alles dürfe, erst recht in einer Demokratie. Viele deutsche Medien sekundierten und befanden im Namen der Meinungsfreiheit, dass Muslimen diese Art Humor zuzumuten sei. Die dänische Staatsanwaltschaft hatte das Verfahren schon im Januar eingestellt; der Deutsche Presserat wies die Beschwerden gegen den Nachdruck der Karikaturen zurück. Die bildlichen Darstellungen, so die Argumentation, griffen das Thema mit den für Karikaturisten typischen Mitteln auf. „Auch Religionsgemeinschaften und ihre Mitglieder müssen Kritik – auch scharfe – ertragen", hieß es in der Begründung.

Tatsächlich ging es um mehr als den klassischen Konflikt zwischen Meinungsfreiheit und religiösen Gefühlen. Auf den wenigen Quadratzentimetern wurde der Kampf der Kulturen inszeniert: Die Karikaturen erschienen aus Sicht der Protestierenden als Sinnbilder westlicher Arroganz gegenüber den Muslimen, das aufgeklärte Abendland zeigte sich mehrheitlich fest entschlossen, sich das nicht bieten zu lassen.

Die Frage „Wie weit darf ich in der Kritik am Islam gehen?" schwelt bis heute. Was nach verantwortungsvollem Verzicht auf Provokation aussieht, kann auch nur die Schere im Kopf sein. Was sich als rückhaltlose Aufklärung präsentiert, kann purem Öffentlichkeitsfetischismus huldigen. Wie die gewissenhafte Entscheidung ausfällt, lässt sich nicht vorweg nehmen. Wenn das Gewissen jedoch, wie wir mehrmals festgestellt haben, die Stimme des anderen ist, so regt es zunächst einmal dazu an, das Gegenüber mit seinen Bedenken ernstzunehmen. Der Philosoph Jürgen Habermas forderte 2001, wenige Wochen nach den Anschlägen vom 11. September, in seiner Rede zum Friedenspreis des Deutschen Buchhandels: „Säkulare Mehrheiten dürfen ... keine Beschlüsse fassen, bevor sie nicht dem Einspruch von Opponenten, die sich davon in ihren Glaubensüberzeugungen verletzt fühlen, Gehör geschenkt haben; sie müssen den Einspruch als eine Art aufschiebendes Veto betrachten, um zu prüfen, was sie daraus lernen können." Der Philosoph mahnt zur Rücksicht, gerade um Zensur und Selbstzensur zu vermeiden.

Der Dortmunder Journalistik-Professor Horst Pöttker geht einen Schritt weiter: Er verlangt Vorsicht. In einem Aufsatz für den von Bernhard Debatin herausgegeben Band über den Karikaturenstreit und die Pressefreiheit fordert der Medienexperte Journalisten auf, die Grenze enger zu ziehen als der Deutsche Presserat. Den Muslimen müsse eine andere Art von Religiosität zugestanden werden als der christlichen Mehrheit, „deren religiöses Empfinden sich im Prozess der europäischen Aufklärung abgeschliffen hat."

Der Bochumer Theologe Günter Thomas hingegen vermutet bisweilen höchst weltliche Gründe hinter der Beschwörung religiöser Gefühle. Er zitiert den abendländischen Denker Friedrich Nietzsche herbei. Der behauptete, Moral sei die Waffe der Schwachen. Indem sich aber, so Thomas, die Muslime in dem Konflikt zum Opfer, zum Schwachen stigmatisierten, hätten sie die Moral missbraucht. Die Verletzung religiöser Gefühle sei ein strategisches Argument, um Macht in der Öffentlichkeit und über die Öffentlichkeit zurückzugewinnen.

Um im angeblichen Krieg der Kulturen abzurüsten, hilft eine schlichte Überlegung: Wenn der Andersgläubige von seiner Wahrheit überzeugt ist, wird er sich nicht von meiner Wahrheit beeindrucken lassen. Der demokratische Modus Vivendi ist bescheiden und anspruchsvoll zugleich: Niemand möchte in einem Land leben, in dem der Staat oder Vertreter von Religionsgemeinschaften Zensur ausüben, ebensowenig erstrebenswert ist jedoch eine Gesellschaft, die jede veröffentlichte Meinung mit einem gleichgültigen „Das müssen Muslime/Christen/Juden eben aushalten“ zur Kenntnis nimmt. Die katholische Kirche konnte zum Beispiel die Ausstellung eines gekreuzigten Frosches von Martin Kippenberger nicht verhindern, aber sie konnte öffentlich Kritik üben.

Karikaturisten, Kommentatoren und Künstler haben das Recht, zu provozieren, und es ist das Recht des Provozierten, öffentlich zu sagen, dass er Rücksichtnahme erwartet.

Takt ist keine Lüge. Die meisten Journalisten tippen Texte in Tastaturen. Schon diese typische Handbewegung legt nahe, was das Handwerk ausmacht, wenn in den Köpfen der anderen Kulturkämpfe toben: Fingerspitzengefühl.

Alles muss raus – Die digitalen Blogwarte

Frank W. ahnte nichts von dem, was die Welt schon über ihn wusste. „Dauernd das Zischen von Bierdosen. Fängt schon morgens an, dazu noch lautes Rülpsen.“ Einer seiner Nachbarn hatte diese Beobachtung auf der Seite rottenneighbor.com eingegeben. Das mit dem Bier sei nicht einmal gelogen, sagte Frank W. treuherzig einer Boulevardzeitung. Als „Rülpser aus der Neustadt“ wurde er für einige Tage berühmt, rottenneighbor wurde durch die Geschichte über seine Opfer noch berühmt-berüchtigter.

Die Seite diene dazu, so versichern die Anbieter, Umzüglern die Wahl des Wohnviertels zu erleichtern. In den Einträgen werden die Adressen mit Google-Earth-Ansichten verknüpft. Jedes positive Urteil wird mit einem grünen Häuschen belohnt, jedes negative mit einem roten bestraft. Wer rot sieht, zieht also in eine miese Gegend. Und rot sehen ziemlich viele, denn das Angebot lädt zum Lästern, Anschwärzen und Denunzieren ein, es ist das digitale Pendant zu den Nachbarschaftsstreitigkeiten wegen wildwachsender Bäume, lauter Fortpflanzungsgeräusche und zu heller Außenbeleuchtung.

Klatsch gab es schon immer; er war nie besonders gut beleumundet und ist offenbar dennoch unverzichtbar. Das Hast-du-schon-gehört-was-bei-denen-los-ist lebt von der Überzeugung, die Privatsphäre anderer verletzen zu müssen, um die Nachbarschaft, den Freundeskreis, die Gesellschaft vor Verfallserscheinungen zu warnen. Kinder laufen zur Lehrerin und erzählen, dass der Luca schon wieder den Ole verprügelt hat, jugendliche Schüler kompensieren Ohnmachtsgefühle, indem sie in der Clique über unfähige Pauker lästern. Erwachsene versichern sich der eigenen Autorität, indem sie den Regelverstoß des Kollegen herumerzählen.

Guten Gewissens kann sich niemand in der Gerüchteküche an den Herd stellen, selbst wenn er die Zutaten für gut befunden haben sollte. Das schlechte Gewissen lässt sich jedoch in diesem Fall leicht ruhigstellen. Die niederen Motive, etwa Geltungsdrang und Neid, werden in den Dienst eines hohen Zieles, der allgemeinen Moral, gestellt. Im Klatsch verständigen sich soziale Gruppen – Freunde, Nachbarn, Kollegen, Bekannte – auf unethische Weise über ihre ethischen Grundsätze. Berichtenswert ist das, was von der Norm abweicht: der unordentliche Vorgarten gegenüber, die lauten Kinder aus dem dritten Stock, der häufig wechselnde Herrenbesuch im Haus Nummer 5. Die Norm wird beim Reden und Zuhören festgeklopft. Reagiert das Gegenüber mit heftigem Kopfnicken, wird sich die Nachricht schnell verbreiten, reicht es nur zum achselzuckenden „Na und“ oder kommt gar ein „Das geht dich und mich nichts an!“, werden auch Lästermäuler beim nächsten Mal vorsichtig. Gerüchte, die erkennbar auf Lügen basieren, haben es im kleinen Kreis schwer. Garantiert wird sich irgendwann einer einschalten, der den Vorgartenbesitzer, die Erziehungsmethoden der Eltern, das Liebesleben der Nachbarin genauer kennt, der den Betroffenen von der Nachrede berichtet und dabei Namen nennt. Gerade die provinzielle Enge, die es dem Gerücht so leicht macht, schafft Raum für das Korrektiv.

Im Internet bleiben die Motive und Themen die gleichen wie im persönlichen Gespräch. Auf einschlägigen Homepages werden Lehrer und Professoren bewertet, frisch Verliebte können sich darüber informieren, ob ihr neuer Schwarm als guter Liebhaber bekannt ist, der BMW-Fahrer, der sich auf der Autobahn von einem alten Lada mit Tempo 50 belästigt fühlt, kann das Nummernschild des Langsamfahrers der Welt auf der entsprechenden Homepage mitteilen. Auch Diskussionen, die niveauvoll mit einem Austausch über Kant anheben, landen irgendwann bei Beschimpfungen vom Typ „Man merkt, dass der Diskutant imperativ16 sein Philosophie-Studium nicht abgeschlossen hat." Es wird gewarnt, gelästert, geschimpft wie beim Kaffeeklatsch.

Trotzdem ist alles ganz anders: Was digitales Warnen, Lästern, Schimpfen vom analogen unterscheidet, ist nicht nur die Technik, sondern vor allem die Wirkung. Zum digitalen Kaffeeklatsch kann sich jeder selbst einladen, niemand legt Tischmanieren und Sitzordnung fest. Der Satz des kanadischen Medientheoretikers Marshall McLuhan „The Medium is the Message" gilt auch hier. Das Medium verändert die Botschaft: Es lädt ein zur Selbstentblößung und ermöglicht zugleich, anonym zu bleiben, wenn ein anderer bloßgestellt wird.

Die von den alten Medien bekannten Kontrollmechanismen taugen wenig, um die neue Geschwätzigkeit einzudämmen. Es gibt den Straftatbestand der üblen Nachrede und Verleumdung, der Volksverhetzung und Schmähkritik online wie offline. Doch die Hobby-Kommentatoren des Zeitgeschehens haben sich, anders als die Profis von Zeitungen, Radio und Fernsehen, keinem Chefredakteur, keinem Rundfunk- oder Presserat und keinem Abonnenten zu verantworten. Sie reden, aber niemand stellt sie zur Rede. Keiner prüft Inhalt und Stil, die Qualität der Beiträge bemisst sich allein am Unterhaltungswert.

Der journalistische Grundsatz: „So viel Wahrheit wie möglich" greift, wie das Beispiel Frank W. zeigt, im Internet zu kurz. Der Rülpser von der Neustadt gibt ja zu, dass er, ganz wie der Nachbar behauptet, schon morgens gern einen trinkt. Auch wenn Schüler filmen, wie ihr Lehrer bei der Kurvendiskussion an der Tafel nicht mehr weiter weiß und den Kurzfilm mit einem hämischen Kommentar auf eine der bekannten Paukerseiten stellen, kann ihnen niemand vorwerfen, Lügengeschichten zu verbreiten. Moralisch richtig verhalten sie sich nicht. Das Problem „Darf ich das verbreiten?" lässt sich nicht auf die Frage „Stimmt das, was ich verbreite?" reduzieren. Mindestens so wichtig ist es, sich darüber Rechenschaft abzulegen, wer überhaupt ein Recht darauf hat, das zu erfahren. Das Internet erweckt aufgrund seiner anarchisch-demokratischen Struktur den Eindruck, jeder haben einen Anspruch auf alles. Kant verpflichtet in seinen Ausführungen über die Lüge den Menschen dazu, eine konkrete Frage stets wahrheitsgemäß zu beantworten. Der Student, der den Professor scharf kritisiert, wurde nicht um eine Stellungnahme gebeten, seinen Bewertungen liegt keine konkrete Frage zugrunde, sondern höchstens eine allgemeine Nachfrage. Die Rachegefühle, die wütende Schüler wie enttäuschte Liebhaber ins Netz gehen lassen, wären in einem persönlichen Gespräch besser aufgehoben als unter den Augen der Öffentlichkeit. Es gibt für Privates kein Veröffentlichungsgebot, auch wenn das Gesagte stimmen mag.

Internetangebote, die unsere vordigitalen Klatsch- und Petzbedürfnisse bedienen, werden sich, wenn sie unterhalb der Schmähkritik bleiben, kaum gesetzlich verbieten lassen. Gefragt ist nicht nur die Fähigkeit, kein falsches Zeugnis wider den Nächsten abzugeben, notwendig ist auch die Tugend, in vielen Fällen das Zeugnis ganz zu verweigern. Je machtloser der Gesetzgeber ist, desto stärker kommt es auf die Sensibilität des Einzelnen an. Er muss zwischen intim und privat sowie privat und öffentlich unterscheiden können.

Diese Fähigkeit hat keineswegs erst seit der Erfindung des Internets gelitten. Der Satiriker Kurt Tucholsky beschrieb 1927 in einem Text ein Ferngespräch: „Ich weise Sie darauf hin, dass Sie möglichst langsam und dialektfrei sprechen müssen“, sagt das Fräulein vom Amt dem berlinernden Paule. Der Telefonverkehr sei freigegeben, aber nur unter der Bedingung, dass „der dortige Überwachungsbeamte Ihrem Gespräch folgen kann.“

Tucholsky kennt damals weder analoge noch digitale Blogwarte, aber er ahnt: Der Bürger wildert gern im Privatleben der anderen und es schmeichelt ihm noch mehr, wenn sich jemand für sein eigenes kleines Dasein interessiert. Paule fühlt sich wichtig und lässt den Überwachungsbeamten an Familiengeheimnissen teilhaben: dass die Tochter schwanger ist, aber ihren Dauerfreund nicht heiraten will, weil auch das dritte Kind nicht von ihm ist; dass „Erwin sein Schwager“ beim Billard mogelt, dass Gesprächspartner Emil seine Laube günstig gegen einen Rennkahn tauschen könnte. „Du saufst ooch, bis dass dir der Schnaps aus de Ohren looft“, vermutet Paule, als Emil das Bombengeschäft ablehnt. „Der Angerufene kann aufgrund seines übermäßigen Alkoholkonsums die Tragweite der rechtswidrigen Transaktion nicht erkennen“, dürfte der Überwachungsbeamte notiert haben.

Heute mischt einer wie Paule medial mit. Er bloggt, er hat Urlaubsvideos, die ihn sangriaselig mit Erwin am Strand zeigen, bei Youtube eingestellt. Er hat dem TV-Schuldenberater von seinem Deal mit der Laube erzählt und seine Tochter in eine Talkshow mit Live-Vatertest geschickt. Er macht lautstark per Handy im Zug Schluss mit der Freundin, und wenn die Jenny vom Marktforschungsinstitut anruft, gibt er die Zahl seiner Gespielinnen mit „mehr als 50" an. Später findet er sich in der „Playboy"-Geschichte „So treu sind Deutschlands Männer" als Teil eines Balkendiagramms wieder. Paule ist berühmt, irgendwie. Dass ihm die Sangria-Bilder die Jobsuche vermasseln könnten, wenn der Personalchef sie per Google-Bildsuche findet; dass ihm der Elektronik-Discounter den Ratenkauf verweigert; dass er neuerdings Post von „willigen Russinnen" bekommt – Paule denkt sich nichts dabei.

Der Exhibitionismus erfasst Prominente wie Namenlose. „Immer mehr junge Menschen vergleichen sich ganz direkt mit den Promis und finden, dass es keinen Grund gibt, selbst nicht auch dazuzugehören", stellt das Marktforschungsinstitut Rheingold in einer Jugendstudie fest.

Eine ebenso narzisstische wie naive Gesellschaft ist ein lohnendes Objekt für Datensammler. Das entschuldigt keine kriminellen Machenschaften, wie sie die Telekom mutmaßlich praktiziert hat, erklärt aber, warum so wenige Bürger für ihre Privatsphäre streiten. Der Wechsel des Telefonanbieters reicht als Protest. Die Volkszählungsboykotteure von einst besuchen an der Volkshochschule Internetkurse für Senioren. Leidenschaft weckt das Thema Datenschutz allenfalls bei Journalisten. Der Rest der Bevölkerung murmelt: „Ich habe ja nichts zu verbergen." Auch wenn mehr als 80 Prozent der Deutschen den Parteien nicht vertrauen, glaubt die Mehrheit den treuherzigen Schwüren der Volksvertreter, man werde die gesammelten Daten nie missbrauchen. „Big Brother" hat seinen Schrecken verloren. Die gebildeten Stände mögen damit noch Orwells Szenario assoziieren. Dem großen Publikum fällt bei BB eine TV-WG ein, in der schlaffe Brüste die weitaus größere Katastrophe darstellen als stramme Aufseher.

Der Verlust des Privaten ist in doppelter Hinsicht politisch: Er macht, wie Guido Westerwelle treffend bemerkt, aus Bürgern Untertanen; er bringt aber auch Politiker wie Guido Westerwelle erst hervor. Repräsentanten, die als Persönlichkeiten und nicht nur als Mächtige auf Zeit wahrgenommen werden wollen. Als Folge der „Tyrannei der Intimität", so Richard Sennett, setze sich ein Politikertypus durch, der glaubwürdig wirken wolle. „Man sieht darauf, was für ein Mensch er ist, statt darauf, wie er handelt und welche Programme er vertritt." Beliebt ist derjenige, der als wahrhaftig und vertrauenswürdig gilt.

Der Preis des Vertrauens ist die Preisgabe vertraulicher Details: Sexuelle Präferenzen, Urlaubsziele, Nahtoderlebnisse und frühkindliche Traumata werden als Res Publica, als öffentliche Angelegenheit so wichtig wie Steuerpläne und Koalitionsaussagen. Die vielen Homestories über Politiker zeugen davon

Was ist privat? Was öffentlich? Die Hoheit über das Schlüsselloch ist eine Schlüsselfrage der Res Publica. Der totalitäre Schock des 20. Jahrhunderts machte sensibel dafür, dass Demokratien beides brauchen: eine funktionierende Öffentlichkeit einerseits und das Recht auf einen vor staatlichem Zugriff geschützten Raum andererseits. Lange sorgten sich deutsche Denker mehr um die gerechte Teilhabe an der kollektiven Meinungsbildung als um das Recht des Einzelnen auf sein Geheimnis. Bertolt Brecht etwa träumte 1932 davon, das Radio zu einem echten Kommunikationsapparat zu machen, mit dem jeder über die Politik wie über den Milchpreis diskutieren könne. Der Philosoph Jürgen Habermas kritisierte in seinem Klassiker „Strukturwandel der Öffentlichkeit" jene Selektionsmechanismen, die aus Privatleuten öffentlich wahrgenommene Personen machen: Stand, Bildung, Freiheit von den Zwängen des täglichen Lebens. Im Polit-Vokabular der späten sechziger Jahre wurde daraus der Kampf gegen die „vermachtete Öffentlichkeit", gegen die Dominanz reicher Verleger auf der modernen Agora. Ganz im Sinne Brechts hieß damals das Postulat: Jedem sollte der Zugang zu den Medien offenstehen.

Der interaktive Apparat ist inzwischen erfunden, das Internet hat den ersehnten Rückkanal, es entspricht den Idealen eines demokratischen Mediums. Doch Brecht müsste sich ein neues Volk wählen. Die modernen Apparatebenutzer kommentieren zwar die aktuellen Milch- und Ölpreise, noch lieber aber fallen sie in die dörflichen Rituale der sozialen Kontrolle zurück. Archaische Gefühle wie Rache und Schadenfreude verströmen ihre Wirkung über hochmoderne Datenleitungen. Auf diese Weise erobert sich der Einzelne in einer unübersichtlichen Welt ein Stück Übersichtlichkeit zurück. Er kompensiert die gefühlte Ohnmacht angesichts zunehmender Komplexität um ihn herum durch die klare Einteilung in guter Nachbar, böse Nachbar, guter Lehrer, böser Lehrer.

Der Feind des Bürgers ist offenbar weniger der da oben, also der reiche Verleger oder der übermächtige Staat, es ist der Nachbar, die Kollegin, der Schüler, die Studentin. Aus der vermachteten Öffentlichkeit ist eine vermachtete Privatheit geworden, mit dem feinen Unterschied, dass der neue Machthaber namenlos bleibt.

Wenn die Grenze zwischen öffentlich und privat durchlöchert ist, wird der Übergang vom digitalen Klatsch zur Denunziation fließend. Die virtuellen Sittenwächter melden nicht nur morgendliches Biertrinken, laute Musik in der Nacht und absonderliches Grillgut, sie markieren nicht nur Ordnungswidrigkeiten, sondern machen auch Straftaten publik. „In der Nachbarschaft eines Sexualstraftäters zu leben, kann den Wert Ihres Hauses drastisch senken“, heißt es bei rottenneighbor ganz marktbewusst. Das lassen sich viele Nutzer nicht zweimal sagen. Sie treibt die Angst um die Immobilienpreise, aber auch das Gefühl, vom Staat im Stich gelassen zu werden.

Einmal angenommen, der Mann, der da im roten Haus als Kinderschänder gebrandmarkt wird, ist tatsächlich ein verurteilter Sexualverbrecher. Ist es dann in Ordnung, diese Tatsache zu verbreiten, etwa um Eltern vor ihm zu warnen? Eine Zeitung, die auf zwanzig Seiten die Namen und Adressen von Kinderschändern in der Umgebung auflistet, ist nicht vorstellbar; ebenso wenig eine Reportage im Lokalfernsehen, die auf Häuser mit straffällig gewordenen Bewohnern zoomt. Die meisten Täter sind für die alten Medien nur dann interessant, wenn die Tat aktuell ist. Hat er seine Strafe verbüßt, ist er keine Zeile mehr wert.

Das Internet hat ein langes Gedächtnis, hier gilt: einmal Straftäter, immer Straftäter. Die digitale Resozialisierung ist fast unmöglich, in den Suchmaschinen werden die Einträge auch Jahre später noch zu finden sein.

Der digitale Blogwart macht sich der Selbstjustiz schuldig. Ihn treibt die Unzufriedenheit mit einer als zu lasch empfundenen Strafverfolgung. Er meldet seine Beobachtung gerade nicht dem Staat, sondern den anderen Bürgern. Dort vermutet er die wahre Macht.

Doch die Öffentlichkeit hat nicht das Recht, alles über jeden zu erfahren – auch wenn alles wahr sein sollte. Ein Grundgedanke des Rechtstaats besagt: Wenn die Strafe verbüßt ist, gilt der Verurteilte als freier Mann. Der Online-Urteilsverkünder aber sorgt dafür, dass der Entlassene lebenslänglich gefangen bleibt.

Das Internet macht es leicht, die Stimme des Gewissens stummzuschalten. Der Bildschirm bildet das Gegenüber, korrigierende Blicke oder Bemerkungen, wie sie in jedem Gespräch vorkommen, fehlen. Der Verräter bleibt anonym, wenn er die Zeile „Vorsicht, Sittlichkeitsverbrecher, Opfer weiblich, unter 13, verurteilt am ...“ schreibt, fühlt er sich unbeobachtet. Die intime Situation – nur der Denunziant und sein PC – lässt zudem schnell vergessen, dass er von der heimischen Stube aus Öffentlichkeit erzeugt. Wer hingegen ein Fernsehstudio betritt, verlässt auch physisch den privaten Raum.

Der beste Datenschutz wäre eine Wiederentdeckung des Vertraulichen, eine Rehabilitierung des Geheimnisses, eine echte Wertschätzung des Privaten statt der Eingliederung intimer Geständnisse in die mediale Wertschöpfungskette. Die Elite könnte mit dieser Konzentration auf das Kerngeschäft anfangen. Ob Paule dann nach ihrem Vorbild die Selbstbeschränkung trotz Communities, Talkshow-Honorar und Payback-Karte gelingen würde? Tucholsky hat wenig Zutrauen zum kleinen Mann. In seiner Satire gibt der Überwachungsbeamte entnervt vom dialektal verunreinigten Datenmüll auf. Der wütende Paule verprügelt – ganz privat – die Tochter.

Professor Immanuel Kant wäre auf „meinprof.de" womöglich als Spaßbremse verschrien, weil er vor dem ungebremsten Bloggen, Chatten, Videodrehen warnen müsste. Doch sein Kategorischer Imperativ wirkt noch immer: Paparazzi lassen erstaunt die Kamera sinken, wenn plötzlich das Objekt ihrer Begierde mit dem Multifunktionshandy zurückschießt.

Auf die innere Stimme zu hören, bevor die äußere ins Netz trompetet, dient der Rücksicht auf andere wie dem Selbstschutz. Wenn du nicht willst, dass ein Foto deines Fehltritts weltweit kursiert, dann verbreite auch keins vom Fehltritt eines anderen. Die goldene Regel glänzt auch noch im digitalen Zeitalter.

Sternstunden und Sternschnuppen – Gewissensentscheidungen in der Politik

Die hessische SPD-Abgeordnete Dagmar Metzger zog im März 2008 die Notbremse, als sie ihre Gewissensnot öffentlich machte. Die vorangegangene Landtagswahl in Hessen hatte keinen eindeutigen Sieger hervorgebracht, Andrea Ypsilanti, die Spitzenkandidatin der SPD, benötigte die Unterstützung der Linkspartei, um zur Ministerpräsidentin gewählt werden zu können. Die Parteilinie war klar, doch Dagmar Metzger wollte ihr nicht folgen: Als gebürtige Berlinerin könne sie sich nicht von Leuten unterstützen lassen, die für den Bau der Berliner Mauer verantwortlich gewesen seien, begründete sie vor den Medien ihre Entscheidung.

Ein gutes halbes Jahr später wiederholte sich der Vorgang. Kurz bevor Andrea Ypsilanti einen zweiten Anlauf zur Macht wagte, erklärten vier Mitglieder der hessischen SPD-Landtagsfraktion, darunter wieder Dagmar Metzger, sie könnten nicht mit der Linkspartei gemeinsame Sache machen. Auch sie beriefen sich auf ihr Gewissen.

Einen Moment lang stand der Betrieb staunend still. Das Gewissen als unkalkulierbare Größe – das kannte man von Entscheidungen über Leben und Tod, Abtreibung, Stammzellforschung, Bundeswehreinsätze. Diese Themen gelten zwar einerseits als wichtig, Debatten darüber werden gern als „Sternstunde des Bundestags“ bezeichnet. Wie kostbare Himmelskörper, die sich dem Publikum nur selten zeigen, leuchten Nachdenklichkeit und Zweifel am Polit-Firmament auf. Die Kontroversen über Gewissensfragen werden jedoch selten so bedeutend, dass Koalitionen daran zerbrechen oder ihretwegen erst entstehen. Gewissensentscheidungen gelten trotz ihrer Tragweite für jeden einzelnen Bürger eher als weiche Politikbereiche. Moralfragen sind deshalb selten Machtfragen, weder in der Wahrnehmung des Wählers noch in der Einschätzung der Gewählten.

Im hessischen Fall standen nicht Leben und Tod derer, die von einem Gesetz betroffen sind, auf dem Spiel, sondern Werden und Vergehen einer Regierung. Es ging also tatsächlich um die Macht. Verstört fragten viele Kommentatoren: Darf ein Politiker in Koalitionsfragen überhaupt das Gewissen bemühen? Noch dazu unmittelbar vor der Entscheidung? Verdanken die vier SPD-Abgeordneten nicht ihre

Wahl in den Landtag jener Parteiführung, die sie nun in eine Krise stürzen? Der Moment der Irritation machte klar: Ein Nein aus Gewissensgründen stört im gut geölten Betrieb. Wer Skrupel artikuliert, verhindert, dass die Koalitionsarithmetik aufgeht. Er wird unberechenbar. Man könnte auch sagen: frei.

Über vier Menschen, die „kurz vor knapp ihr politisches Gewissen entdeckt haben", spotteten Reporter des hessischen Fernsehens, als die Sensation bekannt wurde. Von „Abweichlern" und „Verrätern" sprachen Journalisten wie Parteigenossen. Das Gewissen erschien ihnen als Schutzbehauptung, die andere Motive – Rachegelüste und Rampenlichtsehnsucht – veredeln sollte. In Machtfragen, so der Verdacht, könne die Berufung auf den inneren Gerichtshof nur dazu dienen, das eigene Urteil ungreifbar zu machen. Die Skrupel ernstzunehmen schien vielen professionellen Beobachtern unmöglich. Andere Kommentatoren, etwa der Bischof der Evangelischen Kirche von Kurhessen-Waldeck, Martin Hein, zollten Dagmar Metzger, Jürgen Walter, Silke Tesch und Carmen Everts für ihr Nein Respekt. „Sie haben sich einer Freiheit bedient, die ihnen zusteht. Wie es nun weitergeht, ist keine Frage des Gewissens mehr, sondern eine der politischen Verantwortung aller Beteiligten", schrieb er in einem Artikel für die FAZ. Aus dieser Sicht erschienen die vier als Dissidenten, als Kämpfer für die Freiheit des Parlamentariers. Zudem waren es nicht die „Abweichler", die die Parteilinie verlassen haben, sondern die hessische SPD-Führung. Sie hatte vor der Wahl eine Koalition mit der Linkspartei ausgeschlossen. Das Nein zum Machterwerbsmodell konnten die vier also durchaus zu Recht mit dem Wählervotum begründen.

Weder das Grundgesetz noch die Landesverfassungen kennen den Fraktionszwang, wohl aber kommt in den Verfassungstexten das Wort „Gewissen" vor. „Die Abgeordneten des Deutschen Bundestages werden in allgemeiner, unmittelbarer, freier, gleicher und geheimer Wahl gewählt. Sie sind Vertreter des ganzen Volkes, an Aufträge und Weisungen nicht gebunden und nur ihrem Gewissen unterworfen", verfügt Artikel 38, Absatz 1 des Grundgesetzes. „Glauben, Gewissen und Überzeugung sind frei", behauptet Artikel 9 der hessischen Verfassung. In der politischen Praxis dagegen wirken Parteien nicht nur, wie es an anderer Stelle des Grundgesetzes heißt, bei der politischen Willensbildung mit. Sie artikulieren den Willen.

Abgeordnete verlassen sich in den meisten Abstimmungen auf die Sachkenntnis der Kollegen und auf die taktischen Erwägungen der Parteispitze. Wäre jede Entscheidung eine Frage des Gewissens, so wäre der politische Alltag nicht zu bewältigen. Den 12. Rundfunkänderungsstaatsvertrag dürften nur wenige Landtagsabgeordnete verstanden haben, mit dem Gesetz zum Schutz werdender Mütter in holzverarbeitenden Betrieben kennen sich allenfalls die Mitglieder des entsprechenden Ausschusses aus. Trotzdem stimmen alle darüber ab. Das ist kein Skandal, sondern eine Notwendigkeit. „Ein reines Sternstundenparlament wäre nicht arbeitsfähig", stellt der Politikwissenschaftler Stefan Marschall nüchtern fest.

Die Funktionsfähigkeit eines Parlaments beruht darauf, dass Volksvertreter die Entscheidungen der anderen mittragen, sogar dann, wenn sie den eigenen Überzeugungen nicht exakt entspricht. Nur so ist zu erklären, dass sich zum Beispiel gegen den Beschluss, wider alle Wahlversprechen des Jahres 2005, die Mehrwehrtsteuer um drei Prozentpunkte zu erhöhen, im Bundestag kein nennenswerter Widerspruch aus Gewissensgründen regte, obwohl dabei die Treue zum eigenen Wort auf eine harte Probe gestellt wurde. In Finanzfragen gilt gemeinhin das Prinzip der arbeitsteiligen Verantwortung. Selbst wenn dabei Gerechtigkeitsfragen verhandelt werden, wird das moralische Urteil – die Unterscheidung in gut und böse – dem pragmatischen – der

Unterscheidung in richtig und falsch, angemessen und unangemessen – untergeordnet.

Höchstpersönliche Überzeugungen, etwa die Haltung zur Tötung auf Verlangen oder zur assistierten Selbsttötung, sind hingegen nicht an Fachleute oder Institutionen delegierbar, die moralische Abwägung muss jeder aus eigener Einsicht treffen. Wie das Beispiel der vier hessischen Abgeordneten zeigt, kann sich das Empfinden, wann eine Überzeugung als höchstpersönlich und wann sie lediglich als pragmatisch einzustufen ist, im Laufe der Zeit ändern. „Was in der Politik als Gewissensfrage zu gelten hat, entscheidet niemand anderes als das Gewissen selbst ... Für den einen ist eine Gewissensfrage, was für den anderen eine Frage ausschließlich der Klugheit ist", schreibt der CDU-Politiker Christoph Böhr in einem Aufsatz über das Gewissen in der Politik. Der frühere Bundeskanzler Helmut Schmidt erklärte in seiner „Weltethos-Rede" an der Universität Tübingen im Mai 2007 zu seinen Maßstäben: „Für mich ist nicht das wählende Volk die letzte Instanz, für mich bleibt das eigene Gewissen die oberste Instanz."

Zurück zum Fall in Hessen: Die Linkspartei ist nicht verboten, ihr Programm verstößt nicht gegen die Verfassung, dennoch zählt Dagmar Metzger sie nicht zu den Parteien, mit denen sie guten Gewissens zusammenarbeiten kann. Das ist ihr gutes Recht, auch wenn die Moralisierung der Koalitionsfrage in Zeiten eines Fünf-Parteiensystems den politischen Alltag erschwert. Dieses gute Recht jedes Abgeordneten ist jedoch kein Freibrief. Das wählende Volk mag nicht die letzte Instanz sein, aber es ist eine Instanz. Die hessischen Volksvertreter haben ihre Gründe öffentlich gemacht, bevor die Wahl stattgefunden hat. Hätten sie einfach nur ihr Nein bei der geheimen Regierungswahl dazu benutzt, um Andrea Ypsilanti zu blamieren, hätten sie sich wie „Heckenschützen" verhalten und könnten kaum die Moral auf ihrer Seite wähnen. Entscheidend bei der Berufung auf das Gewissen ist, dass Abgeordnete ihre Gründe gegenüber dem Wähler offenlegen und damit öffentlich Verantwortung für ihre Entscheidung übernehmen. Die innere Stimme sollte sich – gerade weil die Wahl des Ministerpräsidenten geheim ist – nach außen kehren und im pluralen Widerstreit der Meinungen vernehmbar werden.

Die „Dissidenten" bezahlten für ihre Gewissensentscheidung einen hohen Preis, die Parteigenossen verfolgten sie mit Häme, ihre politische Karriere ist vorerst zu Ende. Mit langanhaltendem medialen Ruhm dürfen sie kaum rechnen. Diese Folgen lassen daran zweifeln, dass ihr Beispiel Schule macht und Gewissenhaftigkeit inflationär wird.

Während das Beispiel Hessen zeigt, wie ein neuer Politikbereich – die Frage des verantwortbaren politischen Bündnisses – für das Gewissen erschlossen wird, ließ sich aus der Entscheidung über das Stammzellgesetz die gegenläufige Tendenz ablesen: Die Frage, ob Embryonen Menschenwürde besitzen, provoziert eine klassische Gewissensentscheidung. Die Abstimmung im Bundestag im Frühjahr 2008 war denn auch „freigegeben". Disziplinierende Elemente gab es trotzdem: Die CDU hatte sich in einem Parteitagsbeschluss für eine Verlegung des Stichtags vom 1. Januar 2002 auf den 1. Mai 2007 ausgesprochen. Bundeskanzlerin Angela Merkel sowie Forschungsministerin Annette Schavan – katholische Theologin und Autorin einer Dissertation zum Thema „Person und Gewissen" – hatten sich für diese Position stark gemacht. Diese Lösung wurde mit der Formel „Dignität des Kompromisses" verantwortungsethisch gerechtfertigt.

Die katholischen Christen innerhalb der CDU standen unter besonderer Beobachtung der kirchlichen Würdenträger. Der Mainzer Kardinal Karl Lehmann sagte in einem Interview mit der „Rheinischen Post": „Ich erkenne auch an, dass das Gewissen die letzte Instanz für eine solche Entscheidung sein wird", für die katholische Kirche sei jedoch die „Norm des Gewissens", dass menschliches Leben mit der Verschmelzung von Ei- und Samenzelle beginne und von diesem Zeitpunkt an geschützt werden müsse. Sein Kölner Amtsbruder Joachim Kardinal Meisner warf der Bundesforschungsministerin einen Missbrauch des Wortes „katholisch" vor.

In der CDU-Bundestagsfraktion fanden Kanzlerin und Ministerin keine Mehrheit für ihre Position. Die meisten Abgeordneten votierten gegen eine Verschiebung des Stichtages für die Einfuhr humaner embryonaler Stammzellen, weil sie es ablehnten, Nutznießer des im Ausland begangenen Unrechts zu werden. Was im eigenen Land nicht sein darf – das Embryonenschutzgesetz verbietet die Tötung menschlicher Embryonen im Rahmen biomedizinischer Forschung – verliert seinen Unrechtscharakter nicht, wenn es im Ausland geschieht. Der Import menschlicher Stammzellen, bei deren Gewinnung Embryonen vernichtet wurden, unterläuft dieses Verbot und untergräbt dadurch die Glaubwürdigkeit der eigenen Position. Die meisten der CDU-Abgeordneten hielten diese Doppelmoral mit ihrem Gewissen für unvereinbar und folgten dem Wunsch der Kanzlerin nicht. Eine erhebliche Zahl ihrer Fraktionskollegen entschied sich anders und verhalf dem Gesetz, das eine Verschiebung des Stichtages vorsieht, durch ihre Stimmabgabe zur parlamentarischen Mehrheit. Dagegen war die Ablehnung des Stammzellgesetzes aus den Reihen der Grünen wesentlich vernehmbarer als die aus den Reihen der CDU. Der Grünen-Politiker Volker Beck, der Joachim Kardinal Meisner wegen dessen Haltung zur Homo-Ehe schon einmal als „Hassprediger" bezeichnet hatte, stimmte in die Kritik des Kölner Erzbischofs an der Haltung der CDU in der Biopolitik ein: „Wo der Kardinal Recht hat, hat er Recht", sagte Beck.

Während die katholische Kirche in der Frage des Lebensschutzes Politikern mit dem immergleichen Grundsatz „Du darfst nicht töten!" ins Gewissen redet, fällt die Entscheidungshilfe in Sachen Krieg und Frieden nicht so eindeutig aus. Moralisch bemäntelte Kriege verdienen Skepsis, unvereinbare Gegensätze sind Moral und Krieg jedoch nicht. Ein Christ darf den Dienst an der Waffe leisten, er darf in den Krieg ziehen, aber er sollte in einem demokratischen Staat den Dienst mit der Waffe verweigern dürfen. Ein christlicher Politiker darf für Auslandseinsätze der Bundeswehr stimmen, aber er darf auch nein sagen. Beide Optionen können einer verantwortlichen Gewissensentscheidung des Einzelnen entspringen und sind daher gleichermaßen zu achten.

Papst Johannes Paul II. hat sich zu der Frage, wann der Einsatz militärischer Mittel moralisch verwerflich ist, sehr unterschiedlich geäußert. Beim Kosovo-Krieg forderte er die zivilisierte Weltgemeinschaft dazu auf, nicht tatenlos zuzusehen, wie Regierungen im großen Stil Verbrechen an ihrer eigenen Bevölkerung begehen. Den Irak-Krieg hingegen verurteilte er sehr deutlich, obwohl die Regierung Bush die Verteidigung der Menschenrechte als hehres Ziel ausgegeben hatte. Die katholische Kirche hat im Zweiten Vatikanischen Konzil die Theorie vom Gerechten Krieg nicht wiederholt. Sie segnet keine Waffen mehr. Anstatt wie Augustinus der Gerechtigkeit eines Krieges das Wort zu reden, der zur Bestrafung der Schuldigen geführt wird, erkennt sie den Krieg nur als bisweilen unvermeidlich an: Solange es noch keine mit eigener Autorität und Sanktionsmöglichkeiten ausgestattete Weltautorität gibt, solange kann es die Kirche den Staaten nicht verwehren, ihre berechtigten Schutzinteressen mit Gewalt zu verteidigen. Ziel auch eines Verteidigungskrieges muss jedoch die Herstellung einer künftigen Friedensordnung sein. Daher spricht die Kirche in ihren lehramtlichen Stellungnahmen vom gerechten Frieden, der das oberste Ziel militärischer Gewalt sein soll.

In der Weltpolitik hat die Theorie vom Gerechten Krieg, vor allem nach dem 11. September, eine Renaissance erlebt. Gemeinhin gelten, wie der Bamberger Ethikspezialist Christian Illies in einem prägnanten Aufsatz über den Gerechten Krieg schreibt, für diesen sechs Kriterien: Selbstverteidigung gegen einen Aggressor, die guten Absichten der kriegführenden Regierung, eine Kriegserklärung in rechtlich einwandfreier Form, die Ausschöpfung – und Erschöpfung – aller anderen Mittel, die Aussicht auf Erfolg und die Minimierung der Zahl der zu erwartenden Opfer. Der Krieg muss ohne geächtete Waffen geführt werden, Zivilisten sollten geschont werden, die Waffen verhältnismäßig eingesetzt werden. Die Nachkriegsordnung gilt dann als gerecht, wenn sie das Unrecht beseitigt, das zum Krieg geführt hat. Diese klassischen Kriterien des gerechten Krieges können auch den Einsatz militärischer Gewalt zur Verhinderung von Völkermord oder schweren, systematisch betriebenen Menschenrechtsverletzungen rechtfertigen. Das moderne Völkerrecht anerkennt dies als einen legitimen Interventionsgrund, der das Nichteinmischungsverbot – einen Grundpfeiler der zwischenstaatlichen Friedensordnung – durchbricht. Voraussetzung ist allerdings, dass der Militäreinsatz im Auftrag der Staatengemeinschaft geführt und von der UNO befürwortet wird.

Es muss also eine Vielzahl von Bedingungen erfüllt sein, damit ein Politiker Krieg und Moral miteinander verbinden darf. Konkret: damit er einem anderen den Auftrag erteilen kann, gegen das Gebot „Du sollst nicht töten" zu verstoßen. Deutsche Politiker sind, weil sie um die Gewissensbisse der Wähler wissen, sehr zurückhaltend mit der Verwendung des Wortes „Krieg". Gerhard Schröder konnte die Bundestagswahl von 2002 unter anderem deshalb in letzter Minute für sich entscheiden, weil er erklärte, Deutschland werde sich an einem Krieg im Irak nicht beteiligen. Der Nimbus des „Friedenskanzlers" wirkt bis heute nach.

Laut offizieller Sprachregelung war deshalb die Bundeswehr in Afghanistan zunächst nicht an einem Krieg beteiligt, sie hat lediglich ein Mandat übernommen. Verteidigungsminister Franz-Josef Jung, ein Christdemokrat, sprach lange

Zeit von „getöteten" anstatt von „gefallenen" Soldaten. Dass ein Krieg gerecht sein kann, gilt in einem Land, das zwei Weltkriege auslöste und verlor, als schwer vermittelbar. Mit der Theorie vom Gerechten Krieg wäre keine Abstimmung im Bundestag zu gewinnen, mit dem Wort Verantwortung in der Welt lässt sich besser um Zustimmung werben.

Wie aber verträgt sich ein Ja zu einem als verantwortbar empfundenen Militäreinsatz mit Jesu Worten aus der Bergpredigt? Dort heißt es: „Wenn dich jemand auf die rechte Wange schlägt, dann halte ihm auch die linke dar." In den achtziger Jahren, auf dem Höhepunkt der Nato-Doppelbeschluss-Debatte, leitete die Friedensbewegung aus der Bergpredigt die Pflicht des Westens her abzurüsten, selbst wenn der Gegner aufrüstet. „Wenn unsere Brüder kommen, mit Bomben und Gewehren, dann wollen wir sie umarmen, dann woll'n wir uns nicht wehren", sang Konstantin Wecker. „Frieden ist möglich", behauptete der Journalist Franz Alt in einem Bestseller. „Mit der Bergpredigt kann man nicht regieren", hielt der damalige Bundeskanzler Helmut Schmidt dagegen.

Sich stets alles gefallen zu lassen, um des lieben Friedens willen – das hat Jesus vermutlich nicht gemeint. Seine Worte zeugen vielmehr von einer prophetischen Haltung, die vorausweist auf eine Welt des universalen Friedens. Er predigt den Verzicht auf Rache und Vergeltung, wohl wissend, dass der Mensch nicht jede Zumutung ertragen kann. Aber es ist wesentlich, dass es diese Haltung des freiwilligen Rechtsverzichts gibt. Sie verstößt scheinbar gegen jede Vernunft und kann gerade deshalb die ultima ratio sein. Wenn der Verzicht auf Rache jedoch von vornherein als Handlungsmöglichkeit ausgeschlossen wird, wenn wie im Nahostkonflikt Vergeltung stets mehr zählt als Vergebung, gerät das Wort „Friedensprozess" zur Farce.

Die höchstpersönlichen Entscheidungen der Volksvertreter über Krieg und Frieden, Leben und Tod können auch

Wähler in Gewissensnöte stürzen. Die demokratischen Spielregeln gebieten zwar, dass die Minderheit die Entscheidung der Mehrheit akzeptiert. Doch Herrschaft der Mehrheit ist nicht gleichbedeutend mit Diktatur der Mehrheit. Auch wenn Gesetze nach einwandfreiem demokratischen Prozedere zustande gekommen sind, kann der Bürger unter Berufung auf sein Gewissen den Gehorsam verweigern. Der Staat kann ihn zum Beispiel nicht zwingen, Wehrdienst zu leisten. „Niemand darf gegen sein Gewissen zum Kriegsdienst mit der Waffe gezwungen werden", lautet Artikel 4, Absatz 3 des Grundgesetzes. Es ist die einzige Gewissenscheidung, die das Grundgesetz ausdrücklich nennt.

Aber kann der Pazifist sich weigern, Steuern zu zahlen, weil mit diesem Geld Waffen gekauft werden könnten? Zur Zeit des Vietnam-Kriegs riefen Kriegsgegner in den USA zum Steuerboykott auf. Gesetzlich erlaubt ist diese Form des Protests nicht, weder in den USA noch in Deutschland. Innerhalb der Sozialethik ist jedoch umstritten, ob der Steuerboykott aus Gewissensgründen legitim ist. Wenn die Boykotteure die Spielregeln des Rechtsstaates akzeptieren, also die rechtlichen Folgen ihrer Weigerung tragen, könnten sie die demokratische Kultur bereichern, so die eine Position.

Höchste deutsche Gerichte haben die Verweigerung von Steuern aus weltanschaulichen Gründen bisher nicht als Gewissensentscheidung anerkannt. Der Staat darf die Steuerzahlung von seinen Bürgern erzwingen. Hätten Juristen den Steuerboykott legalisiert, könnten Abtreibungsgegner mit demselben Argument einen Teil ihrer Krankenkassenbeiträge einbehalten, um sich nicht der Finanzierung von Schwangerschaftsabbrüchen schuldig zu machen. Damit stellte sich ein praktisches Problem: Eine Instanz – außerhalb der Gerichte – wäre nötig, die prüft, ob der Boykotteur ein Steuersparmodell zu seinen Gunsten praktiziert oder tatsächlich ein moralisches Anliegen im Sinn hat. Gewichtiger ist das demokratietheoretische Problem: Kein Bürger kann verlangen, dass sein eigenes Gewissen zum Maßstab für alle anderen wird. Abtreibung – ja oder nein, Kriegseinsatz – mitziehen oder nicht, diese Entscheidungen muss der Einzelne treffen, weil sie ihn persönlich angehen.

Wieviel öffentliches Geld aber in diese Bereiche fließt, ist seiner Entscheidung entzogen. Darüber zu befinden, liegt in der Verantwortung der Parlamentarier. Der Steuerboykott mag Zeichen setzen, weil er als ziviler Ungehorsam medial wirksam inszeniert werden kann. Das Unterlassen lenkt jedoch vom Tun ab. Der Wähler hat in einer repräsentativen Demokratie nur eine Chance, seine Vorstellung von Gut und Böse ins politische Berlin zu tragen: Er muss jene Abgeordneten unterstützen, die seine ethischen Maßstäbe teilen. Wenn der Souverän diese Möglichkeit wahrnimmt, dann geht es tatsächlich um die Macht, nicht bloß um die Moral.

Auf Leben und Tod

Abtreibung, Pränataldiagnostik, künstliche Befruchtung, Unsterblichkeit, Sterbehilfe

Ein Kind – bitte nicht jetzt

Hanna kann es nicht glauben, als sie den Brief öffnet: eine Zusage. Sie hat endlich einen Job, gut ein Jahr nach dem Examen. Sie hatte nicht mehr daran geglaubt. Wer nimmt schon eine Germanistin mit Kind und ohne „sehr gut" auf dem Abschlusszeugnis? Vom Vater des Jungen hat sie sich vor drei Jahren getrennt, ihre Mutter hat auf den Kleinen aufgepasst, wenn sie lernen musste und die Kinderkrippe schon geschlossen war. Sie ist stolz auf sich. Alle hatten ihr damals, als sie gerade am Anfang des Studiums schwanger wurde, davon abgeraten, das Kind zu bekommen. „Wie wollt ihr das denn packen, ohne Job?", fragten Freunde. Irgendwie glaubten sie damals, gemeinsam alles schaffen zu können. Ein Irrtum, denn ein Liebespaar blieben sie nicht. Aber Hanna hat es nie bereut, sich für das Kind entschieden zu haben. Auch wenn es mit dem Studium im Ausland nichts wurde, auch wenn sie manches Seminar zweimal belegen musste, weil Leon zu oft krank war.

Zwei Tage nachdem sie den Arbeitsvertrag unterschrieben hat, geht Hanna dem komischen Gefühl auf den Grund, das sie schon kennt, aber nicht wahrhaben will. Der Schwangerschaftstest ist positiv. Sie rechnet nach. Das muss bei der Party passiert sein, vor sechs Wochen, als sie so fest entschlossen war, auch als disziplinierte Alleinerziehende einmal unvernünftig sein zu dürfen. Die Telefonnummer des Typen hat sie längst entsorgt.

Hanna liebt Kinder. Damals, als sie mit Leon schwanger war, hat sie keine Sekunde daran gedacht, das Kind abzutreiben. Aber ein zweites Kind, ohne Vater, gerade jetzt, wo sie zum ersten Mal richtig für Leon sorgen könnte? Die Frau in der Beratungsstelle rechnet ihr vor, wie viel sie vom Staat erwarten kann. Die Zahlen sind Hanna gleichgültig. Sie spricht ansonsten mit niemandem darüber, nicht einmal mit ihrer besten Freundin. Zu peinlich wäre das Geständnis, dass ausgerechnet sie, die Studium und Sohn so toll gepackt hat, einen Abend lang die Kontrolle verloren hat. Hanna nimmt den Beratungsschein und macht einen Termin beim Frauenarzt. Sie will keine Ultraschallbilder sehen. Als sie die Praxis verlässt, ist sie nicht mehr schwanger.

Kinder haben keinen Zweck. Sie geben Sinn. Hinter diesen zwei lapidaren Sätzen verbirgt sich eine Jahrhunderte lange Entwicklung. Kinder werden nicht mehr gebraucht, um auf dem Feld zu arbeiten, die jüngeren Geschwister zu versorgen und später die alten Eltern zu pflegen. Sie werden gewollt als Glücksbringer ihrer Eltern.

Die Kinder heranwachsen zu sehen, sich ihren Fragen zu stellen, von ihnen den anderen Blick auf die Welt zu lernen, sich in ihnen wiederzuerkennen und sich von ihnen überraschen zu lassen, erfüllt mit tiefer Freude. Paare mit kleinen Kindern, so fand das Institut für Demoskopie in Allensbach heraus, gehören zu den glücklichsten Menschen in Deutschland.

Dieses Glück ist steuerbar. Die meisten planen den richtigen Zeitpunkt für Nachwuchs. Ein Kind muss ins Leben passen, es füllt eine Lücke, die bewusst offengehalten wurde.

Für Frauen wie Hanna, für die 17-Jährige kurz vor dem wackligen Hauptschulabschluss oder das Paar, das sich kein drittes Kind mehr leisten kann, löst die zweite rote Linie auf dem Schwangerschaftstest keine Freude aus. Das noch nicht geborene Kind macht Angst. „Du bist unbezahlbar" – der Glücksruf der anderen Eltern – kehrt sich ins Gegenteil: „Du bist nicht finanzierbar." Kinder und Armut gehören in Deutschland zusammen, zu den ärmsten Bevölkerungsgruppen gehören alleinerziehende Mütter.

Als 1971 der „Stern" unter der Schlagzeile „Ich habe abgetrieben" die Bekenntnisse prominenter und nicht prominenter Frauen auf die Titelseite setzte, war damit eine politische Kampfansage verbunden. Aus der stillen Not vieler Frauen, die „es“ heimlich „wegmachen“ ließen, wurde der laute Schlachtruf der Emanzipation: „Mein Bauch gehört mir“. Das Diktum richtete sich gegen alle, die den Nicht-Müttern zuvor ein schlechtes Gewissen eingeredet hatten und die Komplikationen nach einem illegalen Schwangerschaftsabbruch als gerechte Strafe für den sexuellen Sündenfall deuteten: Politiker, Kirchenobere, mächtige Männer im Allgemeinen. In den angsterfüllten Achtzigern – saurer Regen, Nachrüstung, Tschernobyl – kam ein weiteres politisches Argument dazu. Eine Abtreibung machte es möglich, einem Menschen diese schreckliche, gefährliche Welt zu ersparen.

Die amerikanische Philosophie-Professorin Judith Jarvis Thomson lieferte der Frauenbewegung die Kopfnahrung zur Bauchthese. Niemand könne die Frau dazu zwingen, Verantwortung für ein unerwünschtes Lebewesen zu übernehmen, argumentierte sie in einem berühmten Aufsatz für die Zeitschrift „Philosophy & Public Affairs“ im Jahre 1971. Der Körper sei Eigentum der Frau, nur sie dürfe darüber bestimmen, wen sie an ihren Organen, ihrem Blut und ihrem Stoffwechsel teilhaben lasse und wen nicht. „Niemand hat das Recht, deine Nieren zu benutzen, wenn du es nicht gewährst. Und wenn du ihm das erlaubst, ist das eine Freundlichkeit deinerseits, und nicht etwas, das der andere von dir erwarten kann“, postulierte die Philosophin.

Gegen Thomsons Gedanken lassen sich viele Einwände vorbringen. Das Recht auf Selbstbestimmung ist zweifellos ein hohes Gut, das Frauen viel zu lange vorenthalten wurde. Doch die Selbstbestimmung, die sie einfordert, beginnt nicht erst mit der Schwangerschaft, sie umfasst das gesamte Sexualleben. Das heißt, der selbstbestimmte Mensch, ob männlich oder weiblich, muss bereit sein, wie in anderen Bereichen des Lebens auch, die Folgen seines Tuns zu tragen.

Befürworter der Abtreibung haben große Probleme damit, diese „Folge“ als Mensch zu bezeichnen. Wer Fötus und Embryo Kind nenne, wolle Frauen einzuschüchtern, behaupten Feministinnen. Richtig ist, dass das Thema Abtreibung von konservativer Seite gern dazu missbraucht wurde, den gesamten Kampf um die weibliche Gleichberechtigung zu diskreditieren. Richtig ist aber auch, dass der Wunsch der Frau, die Folgen ihrer selbstbestimmten Sexualität ungeschehen zu machen, nicht von allen moralischen Verpflichtungen entbindet. Der Philosophie-Journalist Richard David Precht entkräftet in seinem Bestseller „Wer bin ich und wenn ja, wie viele?“ Thomsons These. Wenn zum Beispiel ein Verhungernder vor unserer Tür steht und um Essen bettelt, könnten wir nach Thomsons Logik sagen: Mein Haus gehört mir, ich habe dich nicht eingeladen, sieh zu, wie du zurecht kommst. Doch in diesem Fall müssen wir Verantwortung übernehmen. „Dass eine Situation von uns nicht gewollt wurde und dass wir uns ihr nicht stellen wollen, ist kein prinzipieller Einwand dagegen, Verpflichtung zu übernehmen“, folgert Precht.

Das Gegenargument der Mein-Bauch-gehört-mir-Streiterinnen liegt auf der Hand: Der Vergleich mit dem Bettler hinke, weil der Fötus im Unterschied zu dem hilfsbedürftigen Mann vor der Haustür noch kein vollwertiger Mensch sei.

Im Kern jeder Abtreibungsdebatte geht es um die Fragen: Wann ist der Mensch ein Mensch? Wann verdient er den vollen Personenschutz? Viele Antworten kursieren: wenn Ei und Samenzelle verschmelzen, wenn die befruchtete Eizelle sich einnistet, wenn man von Bewusstsein sprechen kann, wenn das Kind geboren ist. Die Variationsbreite suggeriert, die Gesellschaft könne den Zeitpunkt festlegen. Menschenwürde erscheint als kultureller Zuschreibungsakt. Das bedeutet: Ändert sich der gesellschaftliche Konsens, ändert sich auch der Kreis derer, die Anspruch auf Menschenwürde haben.

Mehr als dreißig Jahre nach der lautstark geforderten Reform des Paragrafen 218 ist die Not der Frauen wieder leise.

Wer sich für einen Schwangerschaftsabbruch entscheidet, geht nicht mehr protestierend an die Öffentlichkeit, sondern diskret zum Frauenarzt und zur Beratungsstelle. Die stille Entscheidung wird von der Mehrheit stillschweigend akzeptiert. Eine Abtreibung, so die gesellschaftliche Übereinkunft, ist immer noch besser, als wenn überforderte Mütter und Väter ihre Kinder verhungern lassen oder zu Tode prügeln.

Wenn man einen Fehler so reibungslos rückgängig machen kann, warum nicht? Und weshalb sollte man die paar Zellen überhaupt „Kind" nennen? Die Naturwissenschaftler können keine Antwort darauf geben, wann das bewusste Leben beginnt und wann aus dem Embryo eine schützenswerte Person wird. Wenn die exakte Wissenschaft versagt, spricht die Intuition. Die sagt meistens: Das Kind ist nicht, es wird. Die Mutter-Kind-Bindung entsteht erst im Laufe der Schwangerschaft, insofern wird die Fristenregelung mehrheitlich als ebenso vernünftige wie intuitiv richtige Lösung des Problems empfunden. Die Position der Kirche, wonach die Verschmelzung von Ei und Samenzelle den Beginn des Lebens markiert, widerspricht scheinbar dieser natürlichen Empfindung.

Allerdings verändert sich die intuitive Wahrnehmung, sobald die Frau das Ungeborene im Ultraschall gesehen hat. Das Wesen auf dem Monitor mit Armen und Beinen, einem Kopf und einem schlagenden Herzen sieht auch schon vor der 12. Woche wie ein Mensch aus. Viele Ärzte verzichten darauf, verzweifelten Schwangeren diese Bilder zu zeigen, um ihnen „die Entscheidung nicht unnötig schwer zu machen".

Die Volksvertreter haben sich in einem quälenden Prozess 1995 eine Reform des Paragrafen 218 abgerungen, mit der sowohl die Befürworter einer Fristenregelung als auch die dezidiert christlichen Politiker einigermaßen leben können. Der Kunstgriff: Abtreibung bleibt rechtswidrig, ist aber straffrei. Wer sich für den Eingriff entscheidet, braucht nicht, wie nach der alten Regelung, die Beweislast zu tragen, etwa mit dem Argument, dass ein Kind aus medizinischen oder sozialen Gründen unzumutbar ist. Es genügt der Nachweis, eine Beratung zum Leben absolviert zu haben. Das Signal durch den Verzicht auf Strafe ist: Der Staat hat nichts mehr dagegen. Tatsächlich hat er nur nichts mehr dagegen in der Hand.

Das Recht auf Leben hängt, anders als es die gefühlte Wirklichkeit vermittelt, in Deutschland noch nicht vom politischen Kompromiss ab. Die Wertehierarchie ist nach der Reform zumindest auf dem Papier unverändert geblieben. Das Recht der Frau auf Selbstbestimmung wird dem Lebensrecht des ungeborenen Kindes eindeutig untergeordnet. Ein Kind darf zwar bis zur 12. Woche straffrei abgetrieben werden, es besitzt jedoch nach 70 Tagen nicht weniger Menschenwürde als nach 80.

Ethisch entscheiden heißt nicht nur, abzuwägen zwischen der Selbstbestimmung der Frau und dem Lebensrecht des Kindes. Mindestens ebenso bedeutsam ist die Frage, welches Recht sich auch ohne Substanzverlust später verwirklichen lässt. Beim Kind geht es um Leben und Tod, es duldet keinen Aufschub. Der Wunsch nach Selbstbestimmung, persönlicher Entwicklung und Wohlstand lässt sich eine Zeit lang zurückstellen.

Dass eine ungewollte Schwangerschaft mindestens drei Menschen betrifft und die beiden Erwachsenen gerade nicht die unbeschränkte Verfügungsgewalt über das Leben des Ungeborenen für sich in Anspruch nehmen können, ist trotz der medienwirksamen Diskussion um den Paragrafen 218 den wenigsten bewusst. Die Frist wird als Hauptsache wahrgenommen, die Beratung zum Leben als Dekoration. Was die Mehrheit für richtig hält, kann moralisch nicht falsch sein. Das individuelle Gewissen, das sich eigentlich die Freiheit nehmen sollte, anders zu sein, gleicht sich dem mehrheitsfähigen Standard an.

Niemand hat das Recht, Frauen zu verurteilen, die sich wie Hanna in einer schwierigen Situation für einen Schwangerschaftsabbruch entschieden haben. „Abtreibungsärzte" im Internet an den digitalen Pranger zu stellen oder Frauen mit den Tätern des Holocaust gleichzusetzen sind keine zulässigen Mittel, um die Stimme des Gewissens in die Öffentlichkeit zu bringen. Zumal sich gerade konservative Kreise jahrzehntelang widersprüchlich verhalten haben: Abtreibung geißelten sie einerseits als Sünde, andererseits blieb jenen Frauen, die sich trotz Notlage für ihr Kind entschieden, die Anerkennung versagt. Ledige Mütter waren nicht willkommen, schon gar nicht in der eigenen Familie.

Aufgabe der Ethik ist es, statt plakativ Frauen des Mordes anzuklagen, die andere Perspektive ins Gespräch zu bringen und damit einen Freiraum für eine abgewogene Entscheidung zu schaffen. Die Ethik schützt den Schwächeren, in diesem Fall das noch kaum sichtbare und stumme Kind. Wer, ohne sich auf diese Stimme einzulassen, vorschnell erklärt „Das habe ich mit meinem Gewissen so ausgemacht", täuscht sich selbst.

In einem Staat leben zu dürfen, der die Menschenwürde von Anfang an zusichert, ist ein hohes Gut. Das Gewissen und das Gesetz gebieten den künftigen Eltern, keineswegs nur der Mutter, die Sorge für das Kind. Weil die Abschaffung des Paragrafen 218 ein Anliegen von Feministinnen war, reden Abtreibungsgegner vor allem den Frauen ins Gewissen. Der Gedanke, dass auch der Mann die Konsequenzen seiner sexuellen Selbstbestimmung tragen muss, taucht allenfalls als Randbemerkung auf. Dabei gehört der Vater des Kindes ins Zentrum: Ob die Frau eine Schwangerschaft als unzumutbare Belastung empfindet, hängt vor allem davon ab, wie sich ihr Partner verhält. Versichert er „Ich bin für dich da!", fällt die Entscheidung für das Kind leichter. Droht er „Lass es wegmachen, sonst bin ich weg!", bringt er – und nicht das Kind – die Frau in eine Notlage. Wenn alle Appelle an das Gewissen des Mannes nichts nützen, bleibt in einer verzweifelten Situation immer noch ein Weg, das Lebensrecht des Kindes zu respektieren: die Freigabe zu Adoption.

Ein echtes Dilemma ergibt sich, wenn die Frau nach einer Vergewaltigung schwanger geworden ist. Dann wird aus der Hierarchie der Werte tatsächlich eine Gleichwertigkeit. In diesem Fall lässt sich nicht mehr mit Verantwortung als Pendant zur weiblichen Selbstbestimmung argumentieren, die Frau ist ausschließlich Opfer. Wenn die Situation sie so schwer belastet, dass sie das Kind nicht zur Welt bringen kann, macht nicht sie sich schwer schuldig, sondern der Täter. Er hat, wenn es zu einer Abtreibung kommt, zwei Menschen auf dem wie auch immer ausgeprägten Gewissen.

Es gibt Beispiele dafür, nicht zuletzt aus der Zeit nach Massenvergewaltigungen im Zweiten Weltkrieg, dass eine Frau trotz der immensen Belastung das Kind eines ungeliebten Mannes als ihr geliebtes Kind annimmt. Verallgemeinern lässt sich das nicht, schon gar nicht lässt sich daraus schließen, es sei früher um die instinktive Mutterliebe besser bestellt gewesen als heute. Die Schriftstellerin Julia Franck erzählt in ihrem Roman „Die Mittagsfrau" die Geschichte einer Frau, die von ihrem brutalen Mann geschwängert wird. Helene, so der Name der Protagonistin, beschützt das Kind, bringt es durch die Kriegswirren, aber es gelingt ihr nicht, den kleinen Jungen zu lieben. Sie fühlt sich nicht als Mutter. Helene lässt ihren Sohn 1945 auf einem Bahnhof zurück.

Die Geschichte lässt auch den Leser fassungslos zurück. Das Extrembeispiel aus der Literatur zeigt jedoch: Die Liebe zu einem unerwünschten, ungeplanten Kind ist eine besonders großherzige Leistung, die niemand im Namen der Moral einfordern darf. Aber nur durch eine solche außergewöhnliche Leistung, die über das Maß einer Pflichterfüllung hinausgeht, ist es möglich, das moralische Dilemma zu überwinden. Eine Abtreibung, die das von der Frau erlittene Unrecht beantwortet, löst es nicht.

Gute Hoffnung, schlechte Prognose

Der Kleine, den sie da verschwommen auf dem Monitor sah, machte Purzelbäume und manchmal sah es aus, als winkte er Anja zu. Anja lachte, der Arzt lachte nicht mit. „Da ist irgendetwas mit der Nackenfalte nicht in Ordnung“, sagte er. Er überwies die 38-Jährige an einen Ultraschallspezialisten. Anja hörte die Stimme ihres Frauenarztes nur noch wie durch Watte. Im Internet tippte sie „Nackenfalte“ in alle Suchmaschinen. Der erste Treffer führte sie zu einem Forum, schon im ersten Eintrag berichtete eine Frau, wie sie sich zu einer Abtreibung durchrang. „Ich traue mir das Leben mit einem behinderten Kind nicht zu“, schrieb sie. „Nun warte doch erst einmal ab“, versuchte Klaus, Anjas Mann, seine Frau zu beruhigen.

Auch beim Superultraschall machte das Kind Purzelbäume und schien zu winken. Doch Anja schaute auf das Gesicht des Arztes, der auf den Monitor starrte. In seinem Gesicht flackerten die Messtabellen auf. Blickte er besorgt oder erleichtert? „3,8“, sagte er schließlich. „Normal sind bis 2,5“. „Erhöhte Nackentransparenz“ und „Fruchtwasseruntersuchung“ war das einzige, das Anja noch wahrnahm. Die Tage bis zur Fruchtwasserentnahme vergingen für Anja und ihren Mann quälend langsam. Im Internet lasen sie, zwei von zehn Kindern mit einem Nackentransparenz-Wert von 3 mm hätten eine „Chromosomenaberration“, also Trisomie 21, Trisomie 18, Trisomie 13 oder das Turner-Syndrom. Auf der Straße fielen den beiden all die gesunden Babys in schicken Kinderwagen auf. Nach der 12. Woche wollten sie eigentlich jedem erzählen, dass sie Eltern werden. Sie schwiegen.

Bei der Fruchtwasseruntersuchung riet ihnen der Arzt zu einem Schnelltest. Damit könne man zumindest Trisomie-Fälle erkennen. Anja und Klaus stimmen zu. Das Ergebnis nach zwei endlosen Tagen: Trisomie 21, Down-Syndrom.

Noch nie waren Mütter so gesund wie heute, noch nie war der Anteil gesunder Neugeborener höher. Aber wer sagt noch, eine Frau, die ein Kind erwartet, sei „guter Hoffnung" oder „in freudiger Erwartung"? Der medizinische Sachverhalt „schwanger" hat sich in der Alltagssprache durchgesetzt. Eine Schwangerschaft sei keine Krankheit, versichern einschlägige Ratgeber unermüdlich. Verließen sich Frauen allein auf ihre Erlebnisse in der Praxis des Gynäkologen, könnte ihnen diese Tatsache leicht entgehen. Kaum hat die Schwangere den Mutterpass in der Handtasche, fällt es schwer, die neun Monate gelassen oder sogar froh zu erleben. Schafft mein Kind auf der Wachstumstabelle eine Punktlandung? Macht der Arzt sein Kreuzchen bei „ohne Befund" oder sieht er im Ultraschall Auffälligkeiten?

Die Vorsorgeuntersuchungen wurden aus gutem Grund eingeführt. Sie haben wesentlich dazu beigetragen, dass Schwangerschaft und Geburt nicht mehr lebensgefährlich sind. Allerdings hat das steigende Angebot an Messungen und Einblicken die 40 Wochen in einen Zustand von Sorge und Angst verwandelt. Ständig ergeben sich neue Gelegenheiten, die Frage „Ist mit dem Kind alles normal?" zu stellen.

Nach dem 35. Geburtstag ist die Mutter auch offiziell in der Risikogruppe angekommen. Von dieser Grenze an zahlen die Krankenkassen Zusatzuntersuchungen, etwa einen Spezialultraschall. Wer sein erstes Kind mit 34 bekommt und das zweite mit 37, kann bei ein und demselben Gynäkologen zwei völlig verschiedene Reaktionen auf den positiven Schwangerschaftstest erleben: routiniert innerhalb der 35-Zone, freundlich besorgt nach Überschreitung des Limits. Spätestens dann wird der Spätgebärenden klar: Die gute Hoffnung aus Großmutters Zeit war wohl nur naive Arglosigkeit.

Nach dem alten Abtreibungsrecht war die voraussichtliche Behinderung des Kindes eine anerkannte Indikation, das heißt, die Abtreibung war erlaubt und wurde von der Krankenkasse übernommen. Gegen diese Selektion liefen Behindertenverbände und Kirchen Sturm. Vordergründig mit Erfolg. Die „embryopathische Indikation" wurde bei der Reform 1995 gestrichen, die medizinische Indikation bleibt erhalten. In der Praxis bedeutet das: Wenn beim Kind eine Behinderung festgestellt wird, argumentiert der Arzt nicht mehr mit der Gesundheit des Kindes, sondern mit der Gesundheit der Frau. Ein Kind mit Handicap gilt als unzumutbare Belastung, die Juristen sprechen von der unzumutbaren Opfergrenze. Im Ergebnis hat die sprachliche Sensibilisierung, die sich im Gesetzestext niederschlägt, nichts geändert. Eine Abtreibung gilt als akzeptabel, wenn das Kind behindert ist. Und mehr noch: Würden sich Anja und Klaus für eine Abtreibung entscheiden, hätten sie aus Sicht der Gesellschaft sogar vernünftig gehandelt. Aus dem „Du darfst" wurde ein „Du solltest".

Als die Geburt eines behinderten Kindes noch ein unverhoffter Schicksalsschlag war, konnten Eltern mit Empathie rechnen. Heute müssen sie sich von Nachbarn, aber auch Wildfremden in der U-Bahn die Belehrung gefallen lassen: „Das wäre doch wohl nicht nötig gewesen." Die Gesellschaft ist immer weniger bereit, das Ja zu einem behinderten Kind zu achten. Das Paradoxe: Für bereits geborene Menschen mit Behinderungen haben sich die Lebensbedingungen in den vergangenen Jahrzehnten gebessert. Sie werden nicht mehr automatisch in „Sonderschulen" verwiesen, können dank barrierefreier Gebäude am öffentlichen Leben einigermaßen teilhaben, selbst in den Medien kommen sie nicht mehr ausschließlich als bemitleidenswerte Wesen vor, sondern als Sportler, Schauspieler, Musiker.

All das könnte dazu ermutigen, ein ungeborenes behindertes Kind willkommen zu heißen. Es bleibt beim Konjunktiv. Diese Kinder haben von den Veränderungen nicht profitiert. Sie werden als unzulässige Belastung und Belästigung der gesundheitsbewussten Allgemeinheit wahrgenommen. Allzu schnell fällt der Satz: „Ein solches Leben ist ja auch einem Kind nicht zuzumuten." Dieser Altruismus beruhigt das Gewissen, gerade weil er im Namen des anderen die Stimme des anderen verschweigt. Die würde sagen: Dass ein Menschen unter erschwerten Bedingungen leben muss, heißt noch lange nicht, dass er dieses Leben dem Nicht-Leben vorzieht.

Die pränatale Diagnostik sollte ursprünglich Kindern helfen, lebensfähig auf die Welt zu kommen, sei es, indem sie Therapien im Mutterleib vorbereitet, sei es, indem sie klärt, welche Spezialisten unmittelbar nach der Geburt das Baby versorgen sollten. Diese Hoffnung hat sich nur zum Teil erfüllt. Zweifellos hat der medizinische Fortschritt Leben gerettet, aber es gibt eine Kluft zwischen den Möglichkeiten der Diagnostik und den Möglichkeiten der Behandlung. Diese Kluft führt überall dort, wo es noch keine aussichtsreichen Therapien gibt, zu einer Brutalisierung der Medizin. Ärzte, die nach der Diagnose genetischer Risiken zum Schwangerschaftsabbruch raten, handeln nach dem zynischen Motto: „Die Krankheit vermeiden, indem man den potentiellen Kranken tötet". Welche Therapie soll dem Befund „Trisomie 21" folgen? Der Sinn der Diagnose „Gendefekt" hat sich unter der Hand in ihr Gegenteil verkehrt. Aus der kurativen ist eine selektive Medizin geworden. Sie dient mittlerweile vor allem dazu, dass Kinder mit genetischem Risiko nicht geboren werden. Der Kranke wird nicht behandelt, er wird aussortiert. Dieser zivilisatorische Rückschritt fällt inmitten von Superultraschallgeräten mit pulsierend-farbigen Monitorbildern kaum auf.

Die behandelnden Ärzte verdrängen häufig den Konflikt, indem sie das Ungeborene gar nicht erst als Menschen wahrnehmen. Technische Termini wie Embryo und Fötus übertönen das Wort Kind. Das Recht auf Wohlergehen bezieht der Arzt in der Regel nur auf die Frau, sie ist seine Patientin, nicht das Kind. Damit handelt er ethisch fragwürdig, aber scheinbar vernünftig: Ärzte stehen unter einem hohen gesellschaftlichen Erwartungsdruck. Kommt es unter ihrer medizinischen Betreuung zur Geburt eines behinderten Kindes, gilt das als Versagen. Juristische Entscheidungen, die ein behindertes Kind als Schadensfall bezeichnen, befeuern diese Angst.

Dass der Arzt um seinen guten Ruf kämpft, ist verständlich. Problematisch wird die Situation, wenn er sich dazu verleiten lässt, medizinische Gründe für eine Abtreibung anzuführen, um den „Kunstfehler Kind" für sich auszuschließen. Die Entscheidung für oder gegen ein möglicherweise behindertes Kind ist keine medizinische, sondern eine moralische Frage, für die allein das Gewissen der Eltern, nicht die fachliche Autorität des Arztes zuständig ist.

Anja und Klaus lernen ihr Kind als Ansammlung statistischer Risiken, als undefinierbares, defizitäres Wesen kennen. Sie haben ein eindeutiges Ergebnis „Trisomie 21", bei anderen Paaren steht am Ende vieler Untersuchungen lediglich die Auskunft: „Das Risiko, dass ihr Kind an einem Gendefekt leidet, hat sich von 19 auf 27 Prozent erhöht." Das bedeutet, von vier Kindern werden drei gesund sein, eines hat die Anomalie. Ein Arzt, der vorsorglich zur Abtreibung rät, nimmt in Kauf, drei Kinder abzutreiben, damit das Risiko ganz sicher ausgeschlossen werden kann. Der Frau sind die Interessen des Arztes kaum bewusst. Sie hält ihn für einen unabhängigen Ratgeber, für einen Sachwalter objektiver Daten und Fakten.

Bei einer Diskussion zwischen Theologie- und Medizinstudenten an der Universität Freiburg wurden die angehenden Ärzte vor die Wahl gestellt: Sie sollten abwägen, ob sie einen Schwangerschaftsabbruch nach einer Pränataldiagnostik bei einer körperlichen oder bei einer geistigen Behinderung für berechtigt hielten. Die überwältigende Mehrheit entschied sich dafür, geistig behinderte Kinder abzutreiben, die Kinder mit Körperbehinderungen aber am Leben zu lassen. Offenbar waren die Nachwuchsmediziner zuvor kaum mit jenen Menschen in Berührung gekommen, denen sie das Lebensrecht absprechen wollten. Sonst hätten sie erfahren, dass gerade geistig Behinderte besonders spontan ihren Lebenswillen und ihre Lebensfreude zeigen.

Lebensfreude, Lebensglück – nach der Diagnose Gendefekt unvorstellbar. Anja und Klaus stehen zu sehr unter Schock, um daran überhaupt denken zu können. Die Eltern sind ebenso wenig frei in ihrer Entscheidung wie der Mediziner. Auch von ihnen wird Vernunft erwartet. Für eine wirkliche Wahlfreiheit muss es dem Paar möglich sein, über die medizinische Diagnose hinausgehen zu dürfen, etwa Familien kennenzulernen, die sich bewusst für die Annahme eines behinderten Kindes entschieden haben. Die Verengung auf die rein medizinische Sicht führt zu der Gleichung: Je mehr Defekte, desto weniger Lebensqualität. Die Wirklichkeit ist jedoch komplizierter. Die Lebensfreude für Kinder und Eltern hängt eben nicht allein vom Grad der Behinderung ab, sondern auch davon, wie die Familie mit der Zumutung umgeht.

Anja und Klaus haben sich mit anderen Eltern von Kindern mit Down-Syndrom getroffen, haben sich integrative Kindergärten angeschaut und sich in einschlägigen Internet-Foren beteiligt. Sie haben nächtelang diskutiert, geweint, gehofft, dass sich die Diagnose als Irrtum erweist. Und sich schließlich dazu durchgerungen, das Kind zu bekommen. Trotz der eisigen Miene des Arztes, trotz der Tränen der werdenden Omas, die sich ihr erstes Enkelkind anders vorgestellt hatten, trotz der Angst, neidisch in die

Kinderwagen der anderen zu schauen. „Seit wir uns so entschieden haben, fühlen wir uns erleichtert – bei aller Belastung“, schreiben die beiden in ein Blog.

Aus den kritischen Anmerkungen zur Pränataldiagnostik folgt mitnichten, dass Schwangere die technischen Möglichkeiten generell ablehnen sollten. Sie sollten nur wissen, worauf sie sich einlassen. Viele nutzen das 3-D-Baby-Fernsehen aus Neugier: Wem sieht das Kleine ähnlich? Guck mal, es hat die Nase von deiner Mutter. Der Siegeszug des hochauflösenden Fernsehens macht auch vor der Gebärmutter nicht halt. Das technische Angebot hat sich seine Nachfrage geschaffen. Wer es nicht nutzt, verpasst etwas: zunächst nur das erste Farbfoto des Nachwuchses, später vielleicht die Chance, der Gesellschaft ein krankes Kind zu ersparen. Fließend geht die naive Neugier in den bewussten Ausschluss neuartiger Belastungen über.

Wenn für ein Paar schon früh feststeht: „Wir werden das Kind so nehmen, wie es kommt“, dann liegt es nahe, es bei den vorgesehenen Untersuchungen zu belassen und auf spezielle Pränataldiagnostik zu verzichten. Eine Frau, die sich heute gegen die Empfehlung des Arztes für diesen Verzicht entscheidet, muss sofort ein entsprechendes Formular unterschreiben. Damit wird, unter dem Vorwand der Autonomie der Frau, die Schwangere eingeschüchtert. Ein solches, vordergründig rein haftungsrechtlich begründetes Verfahren sendet ein unmissverständliches Signal: Gewissensbisse sind bei einer Nicht-Abtreibung eher angebracht als bei einer Abtreibung. Auf das Lob „Ihr seid aber standhaft geblieben“ dürfen Paare, die sich wie Anja und Klaus diesem Druck entziehen, kaum hoffen.

Die mangelnde Anerkennung macht den ohnehin aufreibenden Alltag mit einem behinderten Kind noch schwerer. Ein Bekannter, Vater eines gehirngeschädigten Jungen, erzählt in einem langen Gespräch von der Angst vor jeder Untersuchung, vor jedem Befund: blind, taub, unfähig zu sprechen, zu sitzen, zu laufen. Die Mängelliste, so empfindet er es, wird mit jedem Kliniktermin länger. Und mit jeder Ergebnis schwindet der Ehrgeiz der Mediziner. „Mit dem Kleinen können Sie eh nichts anfangen“ – diesen Satz liest der Vater auf vielen Gesichtern. Er fragt sich schon jetzt, was aus dem Sohn wird, wenn er und seine Frau nicht mehr leben. Während er erzählt, streichelt er dem Kleinen, der mit zwei Jahren immer noch wie ein Baby aussieht, zärtlich über den Kopf. „Wenn wir das vorher gewusst hätten, hätten wir uns für eine Abtreibung entschieden“, sagt er. Ein harter, unerwarteter Satz. Ein Hilferuf. Gerade deshalb wäre es unangebracht, den verzweifelten Vater mit allen Mitteln der Moral dafür zu verurteilen. Die Ethik richtet nicht, sie richtet auf.

Ein Kind um jeden Preis

Zuerst fragten noch alle: „Na, wann ist es denn bei euch so weit.“ Nach fast zehn Jahren Ehe, als Ruth und Christoph Ende dreißig waren, fragte niemand mehr. Um sie herum hatten alle problemlos Kinder bekommen. Ruth hatte zig Mini-Latzhosen in Geschenkpapier gewickelt, ungezählte Karten mit lustigen Schnuller-Motiven verschickt, gefühlte 1000 Mal „Ach, ist der süß“ beim Blick in die Kinderwagen der anderen gesagt. Sie hatte von Gebärverweigerung und Zeugungsstreik gelesen, Kommentatoren vorwurfsvoll von einer Reproduktionsrate von 1,3 Kindern pro Frau reden hören. Sie blieb außen vor: Sie gehörte weder zu den hingebungsvollen Supermamas noch zu den überzeugten Nicht-Müttern.

Schon die erste Suche nach den Ursachen stellte die Ehe auf eine harte Probe: Liegt es an mir oder an dir? „Es“ lag, so ergab das Spermiogramm, an ihm. Ruth war, ohne es ihrem Mann zu sagen, ein bisschen erleichtert. Wenigstens wusste sie jetzt, dass sie eine richtige Frau war. Den Rest würde die Medizin, dreißig Jahre nach der Geburt des ersten Retortenbabys der Welt, schon richten, hoffte sie.

Mit der Kinderwunschsprechstunde beim Frauenarzt fängt alles an. „Es gehört zu den Ungleichheiten der Fortpflanzung, dass die Frau weit mehr zu leiden hatte als der Mann, ein Missverhältnis, an dem auch die Reproduktionsmedizin nichts ändern konnte, im Gegenteil, sie verstärkte es noch!", schreibt John von Düffel in seinem Roman „Beste Jahre". Die Aussicht auf ein Kind lässt eine Frau viel ertragen: Sie schluckt Hormone, lässt sich zunächst zur Entnahme der Eizellen operieren, dann noch einmal, damit die befruchteten Eizellen eingesetzt werden können. Sie erduldet Schwangerschaftstests mit negativem Ergebnis ebenso wie Fehlgeburten.

Wenn die in Deutschland erlaubten Verfahren das Paar noch immer wunschvoll unglücklich zurücklassen, bleibt der Weg ins Ausland: Tschechien, Südafrika, Russland, Indien, die Ukraine. In Deutschland darf die potenzielle Mutter nicht älter als 40 sein, sie muss zudem verheiratet sein. Die Krankenkassen übernehmen seit 2004 nur noch die Kosten von drei Behandlungen und auch diese nur zur Hälfte. Die reproduktionstouristischen Zielgebiete versprechen hohe Erfolgschancen bei niedrigeren Preisen. Eine Eizellenspende etwa, in Deutschland verboten, gehört anderswo zum Standardangebot, ebenso die Präimplantationsdiagnostik, also die Herstellung und Untersuchung mehrerer Embryonen, um nur die besten in die Gebärmutter einzupflanzen und die anderen wieder zu verwerfen.

Belastender als die körperlichen und finanziellen Nebenwirkungen einer Behandlung sind die psychischen. „Sie waren Patienten, Gehandicapte, Degenerierte, selbst wenn niemand es aussprach, sie waren Versager, Nieten der Natur, die das ABC der Evolution nicht beherrschten, denen man mühsam auf die Sprünge helfen musste", umreißt von Düffel die Gedanken seines Protagonisten beim ersten Termin im „Zentrum für Kinderwunschbehandlung".

Das eine große Ziel strukturiert das gesamte Leben. Die Zeitrechnung vor dem Eisprung, nach dem Eisprung, vor dem Schwangerschaftstest, nach dem Schwangerschaftstest. Der Termin jeder Liebesnacht wird diktiert vom Hormonspiegel der Frau. Den Sex nach Plan nehmen vor allem Männer als Lustkiller wahr. Das Kind kann kein Geschenk der Liebe mehr sein, es wird zum Ergebnis eines Herstellungsvorgangs. „Obsklappt" nennt von Düffel verzweifelt ironisch das gemeinsame Fruchtbarkeitsprojekt.

Bei Ruth klappte es tatsächlich. Nicht mit Sex nach Plan, statt dessen mit In-Vitro-Fertilisation. Ihr wurden Eizellen entnommen, in der Petrischale befruchtet und nach drei Tagen wieder in die Gebärmutter eingesetzt. Vier Versuche brauchten sie. Die Schwangerschaft hat das Paar lange verschwiegen, zu groß war die Angst, eine falsche Bewegung, eine zu schwere Einkaufstasche könnte das Ende aller Träume bedeuten. Als die Zwillinge endlich auf der Welt waren, bemerkten die beiden, welche Gedanken sich hinter der Stirn der Gratulanten abspielten. Acht Jahre nichts passiert, und dann Zwillinge, da wurde bestimmt nachgeholfen. Ein selbstverständlicher Schluss, ohne Staunen. Louise Joy Brown galt, als sie nach künstlicher Befruchtung am 25. Juli 1978 zur Welt kam, noch als Wunderkind, als „Superbabe". Heute sind Kinder wie sie scheinbar normal geworden.

Tatsächlich ist das Kinderglück der Browns noch immer die Ausnahme. Rund 40 000 Frauen nutzen pro Jahr offiziell die Möglichkeiten der Reproduktionsmedizin. Kliniken und Fruchtbarkeitszentren überbieten sich gegenseitig mit Happy-End-Quoten, vor allem Kliniken im Ausland werben mit fantastischen 80 Prozent. Hollywoodstars sprechen offen über zielführende Ei- und Samenspenden, besonders marketingbegabte Mediziner versorgen die Medien mit immer neuen Senior-Jungmüttern, gern auch mit emanzipatorischem Zungenschlag: Nachwuchs bekommen mit 66 – kein Problem. Was Männer von Natur aus können, soll Frauen nicht verwehrt bleiben.

Besonders fortgeschrittene Reproduktionsmediziner versprechen dem Paar nicht irgendein Kind, sondern ein Designer-Baby. In den USA sehnte sich ein gehörloses lesbisches Paar nach einem gehörlosen Kind – und bekam es per Samenspende. In Großbritannien sortierten Ärzte auf Wunsch der werdenden Eltern bei einer künstlichen Befruchtung Embryonen aus, die positiv auf ein Brustkrebsgen getestet worden waren. Die Mutter brachte ein Kind ohne erhöhtes Brustkrebsrisiko zur Welt. Der belgische Kinderwunschexperte Frank Comhaire sorgte vor einigen Jahren für Schlagzeilen, weil er Paaren anbot, das Geschlecht ihres künftigen Sprösslings bestimmen zu können. Gegen Aufschlag gab er sogar eine Garantie. Das Angebot war trotz des hohen Preises für das Sortierverfahren gut nachgefragt, die belgischen Medien jedoch schrieben Comhaire sturmreif. Das belgische Parlament verbot daraufhin seinen Geschäftszweig. Andere Länder sind nicht so empfindlich, wenn Paare besonders wählerisch werden wollen: Geschlecht, Mathematikbegabung, musikalisches Talent und gesund sowieso – das Baby nach Maß findet seine Eltern.

Die Wirklichkeit für Kinderlose, die sich der Reproduktionsmedizin anvertrauen, sieht jedoch wenig glamourös aus. Schon der Weg zum normalen „Superbabe“ ist mühsam: Nur einer von fünf Versuchen führt überhaupt zu einer Schwangerschaft. Und längst nicht jede Schwangerschaft führt zum Kind. Von zehn Paaren, die sich behandeln lassen, bleiben sieben kinderlos. Nach der Achterbahnfahrt aus Vorfreude und Enttäuschung bleiben sie als unheilbare Fälle zurück. Das normale Leben ohne Hormon- und Hoffnungsspritzen schmeckt plötzlich schal, die Partnerschaft steht auf der Kippe: Derjenige, an dem „es“ liegt, spielt mit dem Gedanken, den anderen „freizugeben“ für einen fruchtbaren Partner. Der Sex, der schon während der Reproduktions-Prozedur wie ein unsinnlicher technischer Vorgang anmutete, scheint ganz seinen Sinn zu verlieren.

Abgesehen von den psychischen Risiken für beide Partner und unabhängig vom Erfolg der Behandlung, verbinden sich mit der künstlichen Befruchtung eine Reihe ethischer Fragen. Die wichtigste: Was geschieht mit den Embryonen, die der Frau nicht mehr eingesetzt werden? Der Gesetzgeber hat zunächst versucht, dem Embryo außerhalb des Mutterleibs denselben Schutz zu gewähren wie im Mutterleib. Eine künstliche Befruchtung darf nur als „Ersatz“ für die natürliche Fortpflanzung vorgenommen werden, Embryonenproduktion zu Forschungszwecken ist verboten. Konsequent zu Ende gedacht bedeutet die Schutzpflicht für den Embryo, dass ein Paar bereit sein muss, alle in seinem Auftrag erzeugten Embryonen auch einpflanzen zu lassen. Ein weltfremde Vorstellung. Wer zu den dreißig Prozent glücklichen Eltern gehört, ist am Ziel. Vielleicht entscheidet sich das Paar dafür, noch ein weiteres Kind durch künstliche Befruchtung zu bekommen. Es ist jedoch unwahrscheinlich, dass alle Embryonen aufgebraucht werden. Die Freigabe der Übriggebliebenen zur Adoption ist in Deutschland verboten.

Wir haben uns – die Diskussion um das Stammzellgesetz zeigt es – an das Wort „überzählige Embryonen“ und damit auch an den Sachverhalt gewöhnt. Und je mehr davon in den Kliniken vorgehalten werden, desto weniger Würde wird ihnen zugesprochen. Wir sind mittlerweile weit davon entfernt, einen Embryo als Person zu achten, die Geborgenheit verdient. Der Geist des Gesetzes ist kaum noch vermittelbar. Er hat sich ins Gegenteil verkehrt: Solange der Embryo keine Eltern hat, die ihn annehmen, gilt er nicht als Mensch. Was bei dieser Interpretation des Gesetzestextes verschwiegen werden muss: Die Verantwortung für dieses Defizit haben seine Erzeuger, nicht der Embryo.

„Was ist eigentlich mit den anderen Embryonen passiert?“ Diese Frage wagen selbst die besten Freunde nicht zu stellen, als Ruth und Thomas ihre Zwillinge präsentieren. Vielleicht, weil sie nie darüber nachgedacht haben, vielleicht, weil es das Taktgefühl verbietet, das Glück der Freunde mit einer moralischen Frage zu trüben. Auch für die jungen Eltern ist die Situation nur deshalb erträglich, weil sie nicht mehr so genau nachfragen. Die wenigsten sind so zynisch und sagen „Diese Wesen im Reagenzglas sind doch sowieso nur ein Zellhaufen.“ Die meisten verdrängen die Tatsache, dass sie die einstigen Hoffnungsträger ihrem Schicksal überlassen, sobald sie sich am Ziel wähnen. Mit dem Wissen, das eigene Glück für einen hohen Preis erkauft zu haben, lässt sich schlecht leben.

Die Sensibilität für diese Zusammenhänge schwindet auch deshalb, weil die globale Reproduktions-Marketingmaschine verzweifelten Paaren suggeriert: Unfruchtbarkeit ist eine Krankheit wie alle anderen auch. Ihr habt ein Recht auf Heilung! Ihr habt ein Recht auf Nachwuchs!

Einen anderen Lebenssinn als ein Kind zu suchen, dieser Gedanke scheidet von vornherein aus. Mehr noch: Derartige Vorschläge rücken in den Rang von Menschenrechtsverletzungen. Die Reproduktionsmedizin verspricht Chancengleichheit. Zu einer freien Entscheidung gehört es jedoch, die altmodische Variante, das Schicksal anzunehmen, als ernsthafte Handlungsoption wahrzunehmen. Diese Möglichkeit anzusprechen erfordert eine hohe Sensibilität, das „Du-hast-gut-reden!“ oder „Was weißt denn du schon davon“ ist immer in Reichweite.

Das Gewissen ermutigt dazu, über Alternativen zum Kind um jeden Preis nachzudenken. Und die Kosten des eigenen Glücks ehrlich zu berechnen. „Hinter dem Vormarsch der Reproduktionsmedizin steckt – der alte biologische Egoismus. Wenn man ihm keine Grenzen setzt, dann gibt es in Zukunft auch keinen Grund mehr, menschliche

Klone zu verbieten oder die Züchtung von menschlichen Embryonen aus normalem Körpergewebe", schreibt der Wissenschaftsjournalist Jörg Albrecht in der „Frankfurter Allgemeinen Sonntagszeitung". Setzt sich der Gedanke durch, Nachwuchs zu haben sei ein Menschenrecht, erzeugt das medizinische Angebot die Nachfrage. Aus der Sehnsucht, ein gesundes Kind zu bekommen, wird der Kundenwunsch, ein bestimmtes Kind in die Welt zu setzen.

Es ist verfehlt, einem hilfesuchenden Paar biologischen Egoismus vorzuwerfen. Ruth und Thomas sind nicht egoistischer als andere, die auf natürlichem Weg Eltern geworden sind. Die Situation zwingt ihnen allerdings, auch wenn das ungerecht erscheint, mehr Verantwortung auf. Wer die Reproduktionsmedizin nutzt, muss sich darüber im Klaren sein, dass er unter dem Vorwand der freien Auswahl zwischen verschiedenen Befruchtungsmethoden, Ländern und Spendern seine Entscheidungsfreiheit einschränkt. Ruth und Thomas fühlten sich, bevor die erlösende Nachricht „schwanger" kam, in einem Sog der eventuell verpassten Chancen.

Für diejenigen Paare, die auch nach vielen Jahren noch ohne diese Nachricht auskommen müssen, steht ein resigniertes „Ich will nicht mehr" am Ende der Prozedur. Ein bewusstes „Ich will das nicht!" am Anfang lässt, bei allem Schmerz, zumindest Kraftreserven für ein Leben ohne Kinder übrig.

Hauptsache, gesund!

Deutschland im Jahre 2030: „Für unsere Medikamente wurden keine Embryonen verbraucht!" druckt ein Pharmahersteller auf seine Packung mit Anti-Alzheimer Ampullen. Schauspielerin Veronica Ferres unterstützt die Kampagne und versichert tapfer auf den Gesundheitsseiten der „Bunten“: „Ich brauche keine Stammzellforschung, ich kann mir dank Gehirnjogging in meinem Alter noch jeden Text merken“. Auch Angelina Jolie und Brad Pitt haben ihre Hausapotheke auf ethisch korrekte Medizin umgestellt. Das Stammzellthema, das zwanzig Jahre zuvor nur Spezialisten interessierte, hat es auf die Lifestyleseiten der Magazine geschafft. So wie Anfang des Jahrtausends Kosmetik ohne Tierversuche und Autos ohne CO_2-Ausstoß.

Ein Hirngespinst. Noch ist nicht erkennbar, ob und wann die embryonale Stammzellforschung für Therapien nutzbar gemacht werden kann. Noch weniger ist abzusehen, dass Meinungsführer und Stars die Gentechnik am Menschen als Kampagnenthema für sich entdecken würden. Niemand will Schwerkranken die Hoffnung zerstören. Als im englischen Parlament das Stammzellgesetz debattiert wurde, ließen die Befürworter einer völligen Freigabe der Forschung Menschen im Rollstuhl auffahren. Die Kritiker der Liberalisierung wurden gefragt: Warum wollt ihr diesen Menschen die Heilung verwehren? Es entstand der falsche Eindruck, der Durchbruch in der Therapie stehe unmittelbar bevor. Tatsächlich wurde das Leid dazu missbraucht, eine öffentliche Stimmung zugunsten der eigenen Position zu erzeugen. Dafür nahm man in Kauf, bei den zu Demonstrationszwecken eingesetzten Behinderten unrealistische Hoffnungen zu wecken – Hoffnungen, von denen man weiß, dass sie zu Lebzeiten der Betroffenen nicht in Erfüllung gehen werden.

Noch müssen Kranke nicht entscheiden, ob sie sich mit Medikamenten behandeln lassen, für deren Erforschung Embryonen „verbraucht“ wurden. Dennoch haben Patienten schon jetzt eine gewisse Macht. Sie können durch ihre Fragen an den Arzt die Nachfrage nach Behandlungsmethoden mitsteuern. Das macht eine Therapie, auch wenn sie weit entfernt scheint, hochaktuell. Und jeder, ob krank oder nicht, kann das Meinungsklima in der Debatte über Stammzellimporte beeinflussen. Bisher beteiligt sich nur ein kleiner Kreis an der Diskussion: die Forscher als Betroffene, die Kirchen als ethische Bewertungsinstanz und die Politiker als Stammzell-Gesetzgeber.

Die katholische Kirche rät dazu, die medizinische Forschung, die mit embryonalen Stammzellen arbeitet, einzufrieren. Der Embryo besitzt die volle Menschenwürde. Wenn ihm schon nicht das Recht auf Leben gewährt werden kann, so hat er zumindest einen Anspruch darauf, nicht geschädigt zu werden. Nil nocere, nennen Juristen diesen Grundsatz. Das zählt mehr als das Recht der Wissenschaftler auf Forschungsfreiheit und mehr als der Wunsch des Patienten, von seiner Krankheit befreit zu werden. Anders ausgedrückt: Niemand hat einen Anspruch auf Heilung. Auch wenn die Krankheit mir und meinen Angehörigen Schwerstes abverlangt. Ich kann als moralisch denkender Mensch nicht wollen, auf Kosten eines anderen gesund zu werden. Ich kann dessen Schaden, dessen Verlust, dessen ungelebtes Leben nicht als den Preis bejahen, den meine mögliche Heilung eben kostet.

Wissenschaftler raten dagegen zu erhöhter Betriebstemperatur: Damit Deutschland den Anschluss an die internationale Spitze nicht verliere, so ihr Argument, müsse die Stammzellforschung möglichst ohne Beschränkung erlaubt sein. Schon innerhalb der Europäischen Union unterscheiden sich die Gesetzeslagen. Ein Forscher zum Beispiel, der mit EU-Geld einen Verbund zwischen Deutschland und Großbritannien koordiniert, kann in den Labors der Insel mit frischen Stammzellen arbeiten, in Deutschland drohte ihm dafür ein Prozess.

Bisher knüpft der deutsche Gesetzgeber den Import embryonaler Stammzellen an hohe Auflagen. Dass deutsche Forscher überzählige Embryonen aus der Reproduktionsmedizin im eigenen Land nutzen oder sogar extra zu Forschungszwecken herstellen, ist ganz verboten. Um dafür auch im Ausland keinen Markt zu schaffen, erlaubt das Gesetz nur den Import von Stammzellen, die vor dem 1. Mai 2007 entstanden sind.

Das Stammzellgesetz zeugt von dem Versuch der Politik, mittels eines Kompromisses ein Klima zu schaffen, mit dem sich sowohl Ethiker als auch Wissenschaftler arrangieren können. Für die Mehrheit der Deutschen dürfte schwer vermittelbar sein, warum die Embryonen, die ohnehin überzählig sind, nicht für einen guten Zweck genutzt werden sollten. Und Gesundheit gilt als allerbester Zweck.

Wer um sein eigenes Leben bangt oder um das eines geliebten Menschen, stellt keine moralischen Fragen mehr. Er will die beste Therapie, ganz gleich, mit welchem Preis sie erkauft wurde. Das ist in der Not der Betroffenen verständlich. Bedenklich wird es jedoch, wenn schon die Nicht-Betroffenen a priori klar ihre Prioritäten kundtun: „Um das Leben eines Kindes zu retten, würde ich einen oder mehrere Embryonen opfern. Wen interessieren schon die paar Zellen ..."

Darin wird jene Tendenz fortgeführt, die schon in der Abtreibungsdebatte deutlich wurde: Menschenwürde wird zur verhandelbaren Größe. Die Gesellschaft schreibt sie zu oder entzieht sie. Die Intuition, also die Bereitschaft, Gefühle aufzubringen, ist das Maß. „Die Menschenwürde wird auch tagtäglich entstellt und geschädigt durch qualvolles Leiden", rechtfertigt der Hallenser Theologe Klaus Tanner die Suche nach Therapien ohne Wenn und Aber. Damit rechnet er die Würde der Kranken gegen die der noch nicht Geborenen auf.

Das Leid der Kranken ist offensichtlich, es weckt beim Betrachter Mit-Leid. Der Blick auf einen Embryo lässt die meisten von uns so kalt wie die Wissenschaftler, die damit täglich umgehen. Würde und Person sind durchs Mikroskop nicht erkennbar; wahrnehmen kann sie nur derjenige, der weiß, dass er mehr sehen wird als eine Ansammlung von Zellen.

Auch in anderen Bereichen der Medizin wird uns selbstverständlich abverlangt, dass wir mehr glauben als wir sehen. Bei einer Krebsvorsorgeuntersuchung etwa würde kein Arzt sagen: „Diesen kleinen malignen Zellhaufen da müssen Sie nicht weiter beachten." Tumorzellen, das wissen wir, vermehren sich unkontrolliert weiter. Aufgrund der Angst um unser Leben sind wir in der Lage, die künftige Entwicklung vorwegzunehmen. Für einen Embryo im Reagenzglas bringen wir diese Vorstellungskraft kaum auf. Er betrifft uns nicht. Deshalb erscheint er als Zellhaufen, nicht als ein neuer Mensch im allerersten Stadium seines Daseins.

„Was darf ich hoffen?", heißt eine der klassischen Kantschen Fragen. Die moderne Medizin neigt dazu, diese Frage mit „alles" zu beantworten. Schon einer der zentralen Begriffe der Forschung, die „pluripotente Stammzelle", weckt Allmachtsphantasien: Neue Therapien, neue Organe, runderneuerte Menschen.

Es gibt andere vielversprechende Möglichkeiten, etwa die Forschung mit adulten und induzierten Stammzellen. Ende 2007 sorgte ein Experiment für Aufsehen, in dem eine Hautzelle in eine pluripotente Stammzelle zurückverwandelt werden konnte. Allerdings lässt auch diese, zunächst ethisch unbedenklich erscheinende Methode, zweifelhafte Phantasien blühen. Die Zeitschrift „Nature" bat im Sommer 2008 Wissenschaftler, ihre Visionen zu beschreiben. Davor Solter, Entwicklungsbiologe am Institut für medizinische Biologie in Singapur, träumte davon, aus Hautzellen Spermien und Eizellen zu gewinnen und sie miteinander zu verschmelzen. Jeder Mensch, so schwärmt der Mann aus Singapur, könne dann in der Lage sein, Kinder zu bekommen. Zur Moral schreibt er: „Wenn Embryonen im Reagenzglas wie andere Zelllinien wachsen könnten, wäre das Problem gelöst ... Ich weiß nicht, welche moralischen Werte und Rechte wir diesen Embryonen geben würden. Wahrscheinlich werden wir damit einen ähnlich qualvollen Prozess erleben wie bei der In-Vitro-Fertilisation. Es könnte schlimm sein, damit zu beginnen, aber dann würde es zur alltäglichen Tatsache werden."

Was Solter verschweigt: Wir müssen die Reise ins Ungewisse, an deren Anfang eine moralische Grenzüberschreitung steht, nicht antreten. Wir können auf ethisch unbedenkliche Alternativen zur embryonalen Stammzellforschung setzen, die der Wissenschaft neue Erkenntnisse liefern werden. Therapien auf der Basis embryonaler Stammzellforschung liegen ohnehin noch in weiter Ferne, ob es sie jemals geben wird, ist keineswegs sicher. Adulte Stammzellen werden dagegen bereits heute erfolgreich zu Therapiezwecken eingesetzt. Sie sind in der klinischen Praxis bewährt und sollten deshalb weiter gefördert werden, wie es das Forschungsprogramm der Bundesregierung vorsieht.

Das Ziel der Stammzellforschung, die Patienten heilen zu können, ist berechtigt. Die Forschung diskreditiert sich jedoch zunehmend selbst, wenn sie über die Heilung hinaus an der Wunscherfüllung arbeitet. Der Patient wird zum Kunden, der Arzt zum Dienstleister. Eine Medizin, die sich den Sehnsüchten nach ewiger Gesundheit, Jugend und Schönheit verschreibt, kommt nie zum Ziel. Denn unsere Wünsche sind grenzenlos.

Dann geb' ich mir die Spritze

Ulrich Tanner will nicht mehr. Parkinson, Aids, Krebs. Gerade haben ihm die Ärzte einen Tumor aus dem Darm entfernt. Prostatakrebs und eine bösartige Geschwulst am Oberarm hatte er schon überlebt, doch jetzt fehlt ihm die Kraft. Die Aidsmedikamente verträgt er nicht, sein Parkinson spielt verrückt. Die Schmerzen kann er nur mit hochdosiertem Morphium aushalten. Wenn ihn der Krebs nicht vorher schon besiegt, wird er in wenigen Jahren im Rollstuhl sitzen. Am 12. Oktober 2007 schreibt er einen Brief: „Sehr geehrte Damen und Herren, hiermit ersuche ich Sie, DIGNITAS, um die Hilfe einer Freitodbegleitung". Am 4. Dezember kommt die Antwort. Dignitas gibt „grünes Licht". Tanner sucht sich sein Grab aus, er zählt die Sekunden bis zum vereinbarten Termin, er fürchtet, der Todestrunk wirke bei ihm nicht. Ein Freund fährt ihn nach Zürich. Am 19. Februar zieht Ulrich Tanner seinen geliebten blauen Pullover an. Er will allein sein. Der Trunk aus Natrium-Pentobarbital wirkt.

Der Journalist Wolfgang Prosinger hat die letzten Monate im Leben des Ulrich Tanner für das Buch „Tanner geht. Sterbehilfe – ein Mann plant seinen Tod" protokolliert. Es erschien zur gleichen Zeit, als der frühere Hamburger Justizsenator Roger Kusch eine zweite Medienkarriere machte. Der Ex-CDU-Politiker erzählte vor laufenden Kameras, wie er einer alten Dame einen letzten Wunsch erfüllte. Die 79-Jährige habe ihn darum gebeten, ihr beim Suizid behilflich zu sein. Kusch hielt die letzten Stunden der Rentnerin auf Video fest, auch das präsentierte er den Medien. „Ich kann nicht sagen, dass ich leide", sagte die Frau. „Doch manchmal habe ich fürchterlichen Hunger, aber ich bin zu schwach, etwas zu essen. Das Essen ist nur noch eine Pflicht, damit ich bis zum Tod am Leben bleibe". Unerträgliche körperliche Schmerzen hatte sie nicht, doch sie fürchtete, eines Tages in einem Pflegeheim dahinzuvegetieren. Als sie den tödlichen Cocktail schluckte, verließ Kusch den Raum.

In dem Kinofilm „Das Meer in mir" nimmt sich der querschnittsgelähmte Ramón Sampedro vor laufender Kamera das Leben. Der Film basiert auf einem authentischen Fall aus Spanien: Sampedro hatte zunächst versucht, mit legalen Mitteln seinen Wunsch nach aktiver Sterbehilfe durchzusetzen. Das Gericht entschied dagegen. Eine Freundin verabreichte ihm den Zyankalitrunk. Erst nach Ablauf der Verjährungsfrist gestand sie die Tat. Der vielfach ausgezeichnete Film – „Das Meer in mir“ erhielt unter anderem den Oscar und den Golden Globe – zeigt den Tod als Happy End. Der Protagonist hat um sein Recht gekämpft, hat die Ignoranz der Moralapostel ertragen und sich schließlich durchgesetzt. Auch der Zuschauer fühlt sich erlöst, und denkt: Ja, so könnte er aussehen, der selbstbestimmte Tod in einer hilflosen Situation.

Im Alter rund um die Uhr von der Hilfe anderer abhängig zu sein, unheilbar krank zu sein, aber nicht sterben zu können – für die Meisten eine Horrorvision. In der regelmäßig abgefragten Hierarchie der Ängste stehen Pflegebedürftigkeit und Krankheit im Alter ganz oben. „Zurzeit wird ja viel über aktive Sterbehilfe diskutiert. Das bedeutet, dass man das Leben schwerkranker Menschen, die keine Chance mehr zum Überleben haben und große Schmerzen erdulden müssen, auf deren eigenen Wunsch hin beendet. Sind Sie für oder gegen die aktive Sterbehilfe?“, fragte das Institut für Demoskopie in Allensbach im vergangenen Jahr. 58 Prozent plädierten für die aktive Sterbehilfe, unter den jüngeren Befragten waren es fast zwei Drittel.

In einer Demokratie entscheidet die Mehrheit. Verständlich also, wenn Politiker mit dem Gedanken spielen, die Handlungsmöglichkeiten am Sterbebett zu erweitern. Doch bei der Deutung der Umfrageergebnisse ist Vorsicht geboten: Wird nämlich die Frage anders gestellt, wird zum Beispiel die Palliativmedizin den Befragten ausführlich erklärt, sieht das Meinungsbild anders aus. In einer Umfrage im Auftrag der Deutschen Hospizstiftung aus dem Jahre 2005 stimmten 35 Prozent für den Einsatz tödlicher Medikamente, vermutlich deshalb, weil ihnen zuvor die Unterschiede erklärt worden waren. Danach ist die Zustimmung zur aktiven Sterbehilfe in den letzten Jahren kontinuierlich zurückgegangen, während eine wachsende Mehrheit von zuletzt 56

Prozent den kombinierten Einsatz von Palliativmedizin und Hospizbetreuung befürwortete.

Noch gehen die wenigsten derer, die aktive Sterbehilfe gutheißen, den Weg Ulrich Tanners, noch weniger Sympathie findet Roger Kuschs unverhohlen kommerzielle Methode. Alle Umfragen kranken daran, dass sie vorgeben, den Ernst des Lebens zu erfassen, tatsächlich aber ein Gedankenspiel bleiben. Der Tod ist in der Regel weit weg.

Einmal angenommen, Ulrich Tanner wäre vor dem vereinbarten Termin so akut erkrankt, dass er auf die Intensivstation eingewiesen worden wäre. Weiter angenommen, er wäre nicht mehr ansprechbar. Selbst diejenigen Freunde, die Verständnis für seinen Brief an Dignitas haben, dürften in dieser Situation unüberwindliche Skrupel haben, eine Todesspritze zu besorgen. Sie könnten vermutlich sogar auf jenen Paragrafen 216 verzichten, der in Deutschland die Tötung auf Verlagen ausnahmslos verbietet. Denn das Gewissen der meisten Menschen sagt: Du sollst nicht töten. Das ausdrückliche Verbot per Gesetz ist wichtig, zugleich scheint uns eine Tötungshemmung – unabhängig von Erziehung und Glauben – angeboren.

Noch klaffen verbale Bekundungen zur aktiven Sterbehilfe und tatsächliches Handeln am Sterbebett auseinander, noch überwiegen die Gewissensbisse. Allerdings zeigt die unreflektierte Verwendung des Wortes „aktive Sterbehilfe“ gerade in Kombination mit dem Schlagwort vom „selbstbestimmten Sterben“ einen Trend: Die Autonomie des Patienten wird verkürzt auf die Fähigkeit, eigene Entscheidungen zu treffen. Tatsächlich ist jedoch ein Patient, der über sein Sterben allein entscheiden soll, arm dran.

Wenn Schwerkranke nach ihren zentralen Bedürfnissen gefragt werden, geben die meisten von ihnen an: Zuwendung, eine gute Grundversorgung und Schmerzfreiheit. Selbstbestimmung spielt eine untergeordnete Rolle. Das heißt nicht, dass ihr Wille ignoriert werden könnte. Die Erkenntnisse aus der Patientenbefragung ändern jedoch die Reihenfolge: Der Kranke muss durch Zuwendung und durch eine Medizin, die seine Schmerzen und seine Angst mindert, überhaupt erst in die Lage versetzt werden, autonom zu entscheiden.

Zahlreiche Suizidstudien zeigen, dass es mehrheitlich Menschen mit eingeschränkter Wahrnehmung sind, die sich das Leben nehmen. Kann man bei einem schwer Depressiven von Selbstbestimmung sprechen? Von Frei-Tod? Die Tabuisierung der Selbsttötung schützt gerade die Labilen vor sich selbst.

Wollen wir eine Gesellschaft, in der jede Kleinstadt Beratungsdienste für Suizidinteressierte anbietet? In der Suizid als vernünftiger Weg aus dem Leben erscheint? Wohl kaum. Dennoch hat sich in die öffentliche Diskussion um „aktive Sterbehilfe" der Gedanke eingeschlichen, dass Leiden beseitig wird, indem der Leidende beseitigt wird.

Wenn ich weiß, dass alle, die um mein Krankenbett stehen, darauf hoffen, dass ich die vor mir liegende Wegstrecke verkürze, dann bin ich unfrei und fremdbestimmt. Ich werde gezwungen, vernünftig und ökonomisch zu handeln. Ich muss die emotionalen und finanziellen Kosten, die ich verursache, bedenken. Die Legalisierung der Tötung auf Verlangen würde nicht, wie behauptet, das Optionsfeld erweitern, sondern verengen. Sich zu einer entsprechenden Bitte durchzuringen, würde zur Anstandspflicht.

Was als Leidminderung daherkommt, erweist sich bei genauem Hinsehen auch als Kostenminderungsprogramm, denn am teuersten wird der Patient im letzten Lebensjahr. Menschenwürdig ist das Sterben dann, wenn der Wunsch nach „aktiver Sterbehilfe" gar nicht erst aufkommt, weil sich der Sterbenskranke gut auf seinem letzten Weg begleitet fühlt.

Die Debatte, ob die Tötung auf Verlangen in einigen Ausnahmen legalisiert werden sollte, ist in den Medien zwar sehr präsent, für den Alltag von Sterbenden, Angehörigen und Ärzten ist jedoch die Grauzone zwischen Leidminderung und unterlassener Hilfeleistung sehr viel bedeutender. Wir leben und sterben in einer zwiespältigen Situation, die früheren Generationen erspart blieb: Die Hochleistungsmedizin soll uns heilen, zugleich besteht die begründete Angst, zu ihrem Opfer zu werden. Sie verlängert unser Leben, aber auch unser Sterben.

Die Entscheidung in der konkreten Situation fällt schwerer, als es Umfragen messen können. Auf Apparatemedizin verzichten zu wollen – das ist schnell dahingesagt. Nicht verboten ist es zum Beispiel in Deutschland, die künstliche Beatmung auszusetzen, wenn diese nicht mehr ein Brückenschlag zu einer aussichtsreichen Therapie sein kann. Aber wer möchte schon als Angehöriger oder Pflegekraft „schuld" daran sein, dass ein Mensch stirbt, weil der Stecker des Beatmungsgerätes gezogen wird? Intuitiv empfinden wir das Ausschalten als Tun und nicht als Unterlassen.

Dem stehen allerdings andere moralische Intuitionen entgegen. Kann es die Pflicht des Arztes sein, alle technischen Möglichkeiten der Lebensverlängerung auszunutzen, selbst dann, wenn es dem Patienten schadet? Hat dieser nicht ein Recht, am eigenen Sterben nicht durch medizinische Maßnahmen gehindert zu werden, die ihr ursprüngliches Ziel ohnehin nicht mehr erreichen? Eine genaue ethische Analyse zeigt: Die Zurückführung der künstlichen Beatmung ist, auch wenn der Tod Sekunden später eintritt, nicht die eigentliche Ursache, an der der Patient stirbt. Das Abstellen des Gerätes ist nur eine notwendige, aber nicht die ausreichende Bedingung dafür, dass der Tod eintreten kann. Diese Unterscheidung klingt kompliziert, ist im Kern aber einleuchtend: Der Kranke stirbt an seiner Krankheit, nicht weil wir die Sauerstoffzufuhr reduzieren. Die Einstellung einer Behandlung bedeutet den Verzicht darauf, den unabwendbaren Tod noch weiter hinausschieben zu wollen. Schon vor fünfzig Jahren, als die Intensivmedizin noch in den Kinderschuhen steckte, hob Papst Pius XII. die Bedeutung dieser Unterscheidung hervor. „Der Mensch kann keine medizinischen Maßnahmen an sich vornehmen lassen“, sagte er vor einem Radiologenkongress, „die ihn zu einem dressierten bloßen Sinnenwesen oder zu einem lebenden Automaten degradieren.“ Deshalb billigt es der Papst ausdrücklich, wenn die Angehörigen eines „virtuell bereits toten Patienten“ den Arzt dazu drängen, das Beatmungsgerät auszuschalten, um den Kranken in Frieden sterben zu lassen.

Diese Überlegung gilt nicht nur für die künstliche Beatmung, sondern auch in anderen Fällen, in denen ein Behandlungsabbruch dem Patienten unnötige Leiden ersparen kann. Muss im Endstadium einer Tumorerkrankung noch eine Chemotherapie sein? Soll der Arzt sie abbrechen dürfen, wenn die Tumormasse wächst? Ein verantwortungsvoller Arzt kann eine Behandlung beenden, ohne sich der unterlassenen Hilfeleistung schuldig zu machen. Er kann sogar, ohne juristisch belangt zu werden, einem unheilbar kranken Krebspatienten die Herzmittel versagen, damit der Tod früher eintritt. Der Patient stirbt dann nicht, weil ihm der Arzt die Hilfe verweigert hat. Er stirbt an seiner Krankheit. Anders als es das Wort „passive Sterbehilfe“ unterstellt, ist der Arzt in dieser Situation gerade nicht untätig. Er muss alles tun, um dem Patienten Schmerzen und Ängste zu nehmen. Der Mediziner ist also nicht zur kurativen Therapie um jeden Preis verpflichtet. Ebensowenig darf er jedoch darauf eingeschworen werden, das Sterben um jeden Preis zu verkürzen. Wenn er zum Beispiel zu der Entscheidung kommt, dass eine Chemotherapie, selbst dann, wenn sie nicht mehr heilt, zumindest palliative Nebenwirkungen haben kann, sollte er sie vorschlagen.

Eines der umstrittensten Themen in der Ethik der Medizin ist die künstliche Ernährung Todkranker. Immer wieder müssen Ärzte abwägen: Gehört die Magensonde zur Grundpflege? Dann steht sie jedem bis zum Schluss zu. Ist die künstliche Ernährung aber eine eigenständige Maßnahme, fällt die Antwort nicht so eindeutig aus. Dann muss in jedem einzelnen Fall entschieden werden, welchem Ziel diese Maßnahme noch dienen kann. Einem Patienten zum Beispiel, der an einem Speiseröhrentumor leidet, kann die künstliche Ernährung über Jahre hinweg das Weiterleben bei guter Lebensqualität ermöglichen; hier ist die Magensonde Teil einer angemessenen Versorgung, die dem Patienten dient. In anderen Fällen, vor allem angesichts chronischer Krankheitsverläufe, ist die Entscheidung schwieriger. Einerseits sträubt sich in uns etwas dagegen, einen Menschen verhungern zu lassen. Andererseits: Was berechtigt uns dazu, einen chronisch Kranken, der von sich aus die Nahrung verweigert, gegen seinen Willen künstlich ernähren zu lassen? Der moralische Impuls, niemanden verhungern zu lassen, setzt einen Hungernden voraus, der nach Nahrung verlangt. Ihm diese zu verweigern, kommt der Tötung durch schuldhaftes Unterlassen gleich, wie wenn eine Mutter ihr Kind verhungern lässt. Bei chronischen geriatrischen Erkrankungen ist die Ausgangslage aber eine andere: Manche Sterbende verweigern von sich aus die Nahrungsaufnahme, weil sie sterben wollen oder weil die Erkrankung ihr letztes Stadium erreicht hat und der Körper die Nahrung ablehnt.

Gerade bei Alterskrankheiten kann es gnadenlos sein, den Menschen am eigenen Sterben zu hindern. Es gibt glücklicherweise kein Recht der Gesellschaft auf einen sozialverträglichen Tod, wohl aber eines des Patienten auf ein natürliches Sterben.

Die Amerikanerin Terri Schiavo lag 15 Jahre im Wachkoma, im März 2005 entfernten die Ärzte ihre Magensonde. Innerhalb von 13 Tagen starb die 41-Jährige an Flüssigkeitsmangel. Dem vorausgegangen war ein sieben Jahre dauernder Rechtsstreit zwischen ihrem Mann und ihren Eltern, zunehmend unter Beteiligung der Öffentlichkeit. Die künstliche Ernährung wurde zunächst per Gerichtsbeschluss eingestellt, dann durch eine politische Entscheidung wieder aufgenommen, bis schließlich ein Bundesrichter verfügte, die Magensonde zu entfernen. Es entspreche dem Wunsch seiner Frau, die Ernährung einzustellen, sie habe in gesunden Zeiten mehrfach gesagt, in einem solchen Zustand nicht mehr am Leben bleiben zu wollen, argumentierte der Ehemann. Die Eltern hingegen hofften bis zuletzt, der Zustand ihrer Tochter könne sich noch bessern. Sie hatten prominente Unterstützer: auch Papst Johannes Paul II. und Präsident George W. Bush plädierten dafür, die künstliche Ernährung von Terri Schiavo fortzusetzen.

Die Richtersprüche mussten Eindeutigkeit in einer Situation schaffen, die uneindeutig war. Die Patientin hatte zwar seit Jahren keine messbaren Fortschritte gemacht, dennoch behaupteten keineswegs alle Experten, ihr Zustand sei irreversibel. Auch die Frage, wie bewusst Terri Schiavo noch lebte, konnte nicht geklärt werden.

In Deutschland gilt in diesem Fall der Grundsatz: Im Zweifel für den Patienten. Das ist Ausdruck der Wertschätzung für das Leben. Die Bundesärztekammer macht jedoch bei Wachkomapatienten eine Abstufung: Wenn zum Wachkoma noch andere Krankheiten hinzutreten, müssen diese nicht mit allen zur Verfügung stehenden Mitteln behandelt werden.

Gerade die Grenzsituation Wachkoma zeigt, an welche Grenzen Patientenverfügungen stoßen. Was sollte dieses Papier regeln? Ich möchte ein halbes Jahr am Leben gehalten werden, oder zwei Jahre oder vier Jahre? Für solche Krankheitsbilder ist ein Entscheidungsautomatismus ein unwürdiges Verfahren. Er gäbe das falsche Signal, gerade in einer Zeit, in der permanent die Rationalisierung und Rationierung von Gesundheitsleistungen auf der politischen

Agenda steht. Wenn Gesundheitsentscheidungen unter Knappheitsbedingungen erfolgen, ist die Gefahr groß, dass sie aus Kostengründen so ausgelegt werden, dass die Behandlung eingestellt wird.

Patientenverfügungen sind dann sinnvoll, wenn Behandlungen nicht aus Notwendigkeit angeordnet werden, sondern weil der Arzt in juristischen Auseinandersetzungen auf der sicheren Seite sein will. Wenn der Patient gezielt Maßnahmen ausschließt, hilft das dem Arzt bei seiner Entscheidung.

Grundsätzlich aber gibt es kein Allheilmittel gegen die Angst vor einem unwürdigen Tod. Sinnvoller als sich auf ein Schriftstück zu verlassen ist es, eine Vertrauensperson einzusetzen, mit der der Arzt alle Gespräche führen kann. Kommt es zum Konflikt über den Patientenwillen, müsste das Vormundschaftsgericht angerufen werden.

Das Wort „Verfügung“ wiegt uns in einer trügerischen Sicherheit. Ich kann nicht alle künftigen Krankheiten im Voraus erfassen. Ich mache mir als gesunder Mensch eine falsche Vorstellung davon, wie mein eigener Wille – und Überlebenswille – in den Tagen der Krankheit aussehen wird. Ein Bekannter, Professor für Palliativmedizin, erzählte einmal von einer ALS-Patientin. Sie hat ihren körperlichen Verfall bei vollem Bewusstein miterlebt. Er hatte mit ihr vereinbart, alle ihre vorher festgelegten Wünsche zu respektieren, allerdings unter der Voraussetzung, in jedem Fall noch einmal nachfragen zu dürfen. Die Frau entschied sich in jeder Situation anders, als sie vorher angegeben hatte.

Dabei sein ist alles – Bis zum letzten Atemzug

Der Künstler Gregor Schneider kündigte im vergangenen Jahr an, einen Toten oder Sterbenden als Objekt auszustellen. Die Realität in deutschen Kliniken, Intensivstationen und Operationssälen sei grausam, einsam, ein Skandal, sagte er. Dagegen wollte er mit seiner Kunst ein Zeichen setzen. Die Aktion wäre kein Sterbenswörtchen wert, hätte sie nicht eines gezeigt: Die Tyrannei der Intimität hat den letzten Atemzug erreicht. Schriftsteller, wie etwa Walter Kempowski, wurden zu Tode interviewt, eine TV-Moderatorin erzählte der „Bild"-Zeitung detailliert, wie sie die Augenbrauen nach der Chemotherapie wieder nachschminkt, Särge im Airbrush-Design tauchen als Lifestyle-Produkte in Magazinen auf. Die „Big Brother"-Gesellschaft hat Gevatter Tod vor ihre Kameras und Mikrofone geholt, die Kunstaktion bricht kein Tabu mehr. Das Sterbebett wird zur Bettszene degradiert, der Voyeurismus tarnt sich als Aufklärung, den Oberflächenmedien verschafft das Interview mit einer todkranken Schauspielerin Tiefgang. Hier lernst du was fürs Sterben, raunen all die intimen Einblicke bedeutungsvoll.

Der Tod ist eine Sensation. Das war in früheren Jahrhunderten anders. Der Soziologe Norbert Elias zeigt in seinem Buch „Die Einsamkeit der Sterbenden", wie selbstverständlich das Sterben auch zum Leben junger Menschen gehörte. Weil die Lebenszeiten kürzer und die Familien größer waren, erlebten schon Kinder den Tod nächster Angehöriger. Der Tod gehörte räumlich zum Alltag, denn das Sterbebett stand zuhause. „In diesem Zimmer sind meine vier Kinder empfangen und geboren worden, meine Frau ist hier gestorben, und ich hoffe auch hier sterben zu dürfen", erzählte ein 96-Jähriger der Fotografin Herlinde Koelbl, als sie für ihren Bildband „Schlafzimmer" recherchierte. Diesen Kreislauf haben wir längst durchbrochen. Wir werden im Krankenhaus geboren, zeugen Nachwuchs in einer unserer Lebensabschnittswohnungen und sterben in einer Klinik. Der Bestatter bringt uns unter die Erde, von Beileidsbezeigungen am Grabe bitten wir Abstand zu nehmen.

Die Angst vor dem Tod ist eine existenzielle Erfahrung, die auch unsere Vorfahren kannten. Allerdings hatten sie weniger Zeit, sich mit Sinnfragen freischwebend zu beschäftigen. Wenn die Diphterie ein Kind dahinraffte, forderten die anderen Kinder die Eltern. Der Spruch „Das Leben muss weitergehen" wurde als realistisch, nicht als zynisch empfunden.

Wir haben uns daran gewöhnt, alles zu enträtseln und nahezu jede Entscheidung wieder rückgängig machen zu können. Der Tod bleibt das letzte Geheimnis unseres Lebens. Er ist irreversibel, das macht ihn für uns so unerträglich. Verdrängen verbindet sich mit Neugier: Wir verbannen ihn in Reservate, in Krankenhäuser, Pflegeheime und Hospize, damit er uns nicht zu nahe kommt. Zugleich zoomt Schlüssellochjournalismus das Sterben wildfremder Menschen heran.

Die einen suchen Halt im vermeintlichen Wissen darüber, wie Sterben zu sein hat. Die anderen, immer weniger, suchen Halt im Glauben. Allerdings ist es ein Irrtum, dass religiöse Menschen deshalb gelassener mit dem Tod umgehen als ungläubige, weil sie sich in Christus geborgen fühlen, an das Leben danach glauben und schon vor dem Tod ihre Vergänglichkeit in Rechnung gestellt haben. Der Seelsorger erlebt am Sterbebett oft etwas anderes, als der Theologe erwartet. „Kömm, o Tod, du Schlafes Bruder", heißt es in einer Bach-Kantate. Von einem derart gelassenen Übergang zur ewigen Ruhe wie ihn der Christ Johann Sebastian Bach erhofft, sind viele weit entfernt. Gerade sehr religiöse Menschen fürchten das Jüngste Gericht. Der Gedanke, sich vor dem Schöpfer rechtfertigen zu müssen, macht ihnen Angst.

Es nützt nichts, den Tod mit esoterischem Gesäusel zu beschönigen. Ein sanfter Tod ist noch weniger planbar als eine sanfte Geburt. Trotz aller medizinischen Fortschritte und trotz aller Einblicke in das Sterben von anderen wissen wir nicht, wie wir unsere letzten Tage erleben werden. Wir können uns über Palliativmedizin informieren, um im entscheidenden Moment die richtigen Fragen stellen zu können. Aber wir haben nicht die Sicherheit, dass uns alle Möglichkeiten pünktlich zur Verfügung stehen. Unser Lebensende kann auch bei bester medizinischer Versorgung qualvoll und schmerzhaft sein. Wer einmal einen schwerkranken Menschen kämpfen gesehen hat, wer das Aufbäumen gegen das Unvermeidliche miterlebt hat, wird ein Wort wie Sterbekunst als Hohn empfinden.

Doch die „Ars moriendi“ zeigt sich, bevor das letzte Stündlein schlägt. Im Totenmonat November beginnt der Karneval. Sinnfällig ergänzen sich Sterbekunst und Lebenskunst. Es war einst Brauch, auf dem Höhepunkt des Festes das Skelett hereinzutragen. Die Musik schwieg, es entstand Totenstille. Ein Memento Mori im Moment größter Freude. Solche symbolischen Handlungen haben wir uns abgewöhnt. Statt dessen leben wir, als gebe es ein unbegrenztes Morgen: Uns fehlt der Mut zu Beziehungen „bis der Tod uns scheidet“ auch deshalb, weil wir glauben, alles später nachholen zu können. Wir träumen lieber von der eigenen Unsterblichkeit, als uns unsterblich zu verlieben.

Auf die Frage: „Wie möchten Sie sterben?“ antworten die meisten: Ich möchte sanft entschlafen oder einfach umfallen. Doch wer lebt schon so, dass er jederzeit bereit ist, zu gehen? Die künstliche Begrenzung der Lebenszeit, so scheint es, wertet unser Leben ab. Plastische Chirurgen versprechen mehr als jugendliche Schönheit, wenn sie unsere Falten glätten. Ein Gesicht mit möglichst wenig Lebensspuren verheißt Unvergänglichkeit.

Dabei wertet gerade die Endlichkeit unser Leben auf.

Wer sich bewusst macht, dass das Leben jeden Tag vorbei sein könnte, lebt intensiver, schärft den Blick dafür, was wirklich zählt. Er wird wählerischer, überlegt genauer, mit was und mit wem er seine Zeit verbringt. Der französische Schriftsteller Antoine de Saint-Exupéry sagte einmal: „Was dem Leben Sinn gibt, gibt auch dem Tod Sinn." Ein Mensch, der den Tod nicht aus dem Auge verliert, weiß, worauf sich im Ernstfall wirklich bauen lässt. Er kann vieles, was der Tod ihm nimmt, von sich aus hergeben. Nur eines wird ihm gerade in der Stunde seines Todes unverzichtbar erscheinen: dass ein Mensch da ist, der ihm die Hand hält, die Stirn abtupft, mit ihm redet. „Jeder stirbt für sich allein", behauptet ein Buchtitel von Hans Fallada mit Recht. Aber allein meint etwas anderes als einsam.

Wer die letzte Strecke des Weges mit menschlicher Nähe rechnen kann, blickt dem Tod gelassener entgegen. Sterbebegleitung aber spielt in der medialen Diskussion nicht die Rolle, die das Thema verdient hätte. Dabei könnte der Gesetzgeber hier den Alltag der Betroffenen erleichtern. Berufstätige, die plötzlich ihre schwerkranken Eltern versorgen sollen, kommen in bedrängende Gewissensnöte: Sollen sie den Job kündigen? Sollen sie wieder ins Elternhaus ziehen, um der Mutter den Herzenswunsch zu erfüllen und sie rund um die Uhr zu pflegen? Die „Kinder" sind oft selbst schon über vierzig, wenn die Eltern Hilfe brauchen. Eine neue Stelle zu finden, ist nach einer Kündigung schwierig. Aber die Eltern ins Heim geben? Herzlos. Eine polnische Pflegekraft engagieren? Illegal.

In Deutschland wurde 2008 ein Gesetz beschlossen, das diesen Konflikt zumindest entschärft: Arbeitnehmer können sich bis zu einem halben Jahr freistellen lassen, um einen Angehörigen zu pflegen. Die Beiträge zur Kranken-, Arbeitslosen- und Rentenversicherung werden – wie in der Elternzeit – weiterbezahlt. Diese Pflegezeit können verschiedene Angehörige nacheinander in Anspruch nehmen.

In Frankreich, wo ebenfalls sechs Monate Sonderurlaub möglich sind, honoriert es der Staat auch finanziell, wenn sich enge Verwandte um Sterbende kümmern. Seit kurzem bekommen sie maximal drei Wochen lang 49 Euro pro Tag. Dies gleicht zwar die finanziellen Verluste durch den unbezahlen „Urlaub“ nicht aus, zeugt aber zumindest von offizieller Wertschätzung.

Regelungen wie diese sind keine unnötige Aufblähung des Sozialstaates. Viele Töchter und Söhne wünschen sich, ihren Eltern in der letzten Lebensphase etwas zurückzugeben. Verglichen mit der Präsenz des Themas Sterbehilfe in der Öffentlichkeit fällt die Resonanz auf dieses Pendant zur Elternzeit eher bescheiden aus. Bezeichnenderweise wird es vor allem als Teil der Gesundheitsfinanzierungspolitik wahrgenommen, nicht aber als das, was es sein müsste: ein Teil der Familienpolitik.

Der Tod ist eine der wenigen Situationen, in die wir uns ergeben müssen. Wir fühlen uns irritierend ohnmächtig. „Na und“, flüstert das Gewissen an dieser Stelle, „erkenne diese Ohnmacht endlich an“. Es befreit, wenn für alle Betroffenen fest steht, dass niemand über den Tod verfügen kann – nicht der Kranke, nicht der Arzt, nicht die Angehörigen. Werden hingegen am Sterbebett Entscheidungen verlangt, wird auch noch die letzte Lebenstrecke mit Stress und Schuldgefühlen aufgeladen. Der Kranke oder seine Angehörigen haben scheinbar die Wahl, ganz sicher aber die Qual. Das Sterben degeneriert zu einem technischen Vorgang, der verlangsamt oder – eher erwünscht – beschleunigt werden kann. Ein Liebesdienst kann Sterbehilfe deshalb nicht sein, es bleibt eine Dienstleistung.

Menschenwürdig Sterben meint vor allem, tragende menschliche Bindungen erhalten zu dürfen, gemeinsam mit besonders nahen Menschen auf den Tod warten zu können. Das ist der letzte Liebesbeweis, der möglich ist. Den Partner leiden zu sehen, fällt schwer. Mit etwas Abstand jedoch spendet die intensive, gemeinsam verbrachte letzte Zeit allen Kraft – dem Sterbenden wie dem Trauernden. Der geliebte Mensch ist zwar nicht mehr, aber das, was die Liebe geschenkt hat, kann der Tod nicht mehr rauben.

Nachwort –
Non, je ne regrette rien – oder doch?

„Non, je ne regrette rien“, „Nein, ich bereue nichts“, beteuerte Edith Piaf zu Beginn der 1960er Jahren mit trotzigem Tremolo. Die Frau zeigte Größe, weil sie sich nicht kleinkriegen ließ von Tugendwächtern, die ihr Leben in Gutes und Böses, in „le bien“ et „le mal“ zerlegten. Es ist eine selbstbewusste Hymne voller Lebenslust, die dem Publikum auch fast fünfzig Jahre später noch imponiert.

Auf prosaische Weise nehmen Politiker bis heute dieselbe Haltung ein, wenn sie sich dem Wahlvolk von der ehrlichen Seite präsentieren wollen. „Ich habe Fehler gemacht, aber ich stehe dazu“, erklären sie zu später Stunde, wenn Johannes B. Kerner sich für die wirklich wichtigen Fragen des Lebens über den Schreibtisch lehnt. Ein derart standhaftes Geständnis versieht eine führungsstarke Persönlichkeit mit menschlichem Antlitz. Die Fehler zu bereuen wäre dagegen Schwäche. Öffentliche Reue wird allenfalls von Tätern erwartet, nicht aber von Machern.

Auch abseits von Bühnen und Podien hat Reue einen schlechten Ruf. Aus unserer Alltagssprache ist das Wort nahezu verschwunden. Reue setzt die Einsicht voraus, schuldig geworden zu sein. In kollektiven Schuldeingeständnissen sind wir aufgrund unserer Geschichte zu Recht geübt. Für persönliches Versagen die Verantwortung zu übernehmen, fällt jedoch schwer. Wenn wir den Partner verletzt, über die Nachbarn böse Gerüchte gestreut oder die Kinder zu Unrecht bestraft haben, herrscht auf unserem Verschiebebahnhof Hochbetrieb. Es rollen ein: die Umstände, die Familiengeschichte, die Gene, das Wetter, das Fernsehen, die Gesellschaft, die anderen mit ihrem schlechten Beispiel.

Oder „es“ ist halt einfach dumm gelaufen. Endstation Unschuld. Wenn alle auf dem Ego-Tripp sind, wagt niemand mehr das Eingeständnis „Ich war's. Ich bin dafür verantwortlich.“

Auf diesem Verschiebebahnhof wurde die Vergebung ausrangiert. Schuldbewusstsein setzt Bewusstsein voraus. Reue macht, wie das Gewissen, unser Selbstbewusstsein aus. Zugleich setzt sie ihm Grenzen. Ich kann mir nicht selbst verzeihen. Wenn ich einen anderen betrogen oder verletzt habe, genügt kein dahingemurmeltes „'tschuldigung“, kein verdruckstes „Tut mir leid“, kein cooles „Sorry“. Ich kann nicht alles mit meinem Gewissen ausmachen, mit Gott allein übrigens auch nicht. Das Beichtgespräch mit dem Priester ergänzt das Gespräch mit demjenigen, an dem ich mich versündigt habe, einen Ersatz dafür bietet es nicht. Gott kann mir die Bosheit vergeben, aus der heraus ich anderen Unrecht getan habe, aber er vergibt mir nicht an ihrer Stelle, gleichsam hinter dem Rücken der Opfer, die ich beleidigt oder verletzt habe. Ich muss meine Schuld vor dem Partner, dem Nachbarn, den Kindern eingestehen und jene altmodischen Worte herausbringen, die meine ganze Hilflosigkeit zusammenfassen: „Es tut mir leid und ich bitte um Vergebung.“ Darin liegt eine Bitte, ein Appell an die Freiheit des anderen. Wer Schuld eingesteht, macht sich abhängig von der Reaktion des anderen. Er ist durch sein eigenes Handeln in eine ausweglose Lage geraten, aus der er sich nicht selbst befreien kann. Er sagt zum anderen: Du hast mich in der Hand, nur du kannst mich aus der Sackgasse herausführen. Nur du kannst mich von den Folgen meines verkehrten Tuns entbinden.

Im technischen Bereich können wir uns aus eigener Kraft korrigieren. Wenn wir wollen, sucht der Computer unsere Fehler und verbessert sie nach unseren Wünschen. In zwischenmenschlichen Beziehungen gibt es keine Autokorrektur. Die Bitte um Vergebung appelliert an die Großherzigkeit des anderen. Vergebung ist nicht programmierbar. Sie ist ein Geschenk, kein Anspruch, den ich beim Hersteller einklagen kann.

Jesus erzählt im Gleichnis vom verlorenen Sohn die Geschichte eines jungen Mannes, der seinen Vater verlässt, das Erbteil mit Prostituierten in der Fremde durchbringt und als Gescheiterter heimkehrt. „Ich habe gegen dich gesündigt“, sagt er, als er seinem Vater wieder unter die Augen tritt. Indem er das „Ich“ wagt, behält er auch im größten Elend seine Würde.

Reue ist nicht Ohnmacht, Vergebung ist nicht Macht. Aufrechnen, Heimzahlen, Wie du mir, so ich dir – diese Kategorien des geschäftsmäßigen Handelns versagen, wenn wir auf Vergebung angewiesen sind. Wer vergibt, verzichtet darauf, vom schlechten Gewissen des anderen zu profitieren. Vergebung macht deshalb nicht erpressbar. Wer sie geschenkt bekommen hat, darf neu beginnen. Er erhält die Möglichkeiten, die er verspielt hat, wieder zurück. Die jüdische Philosophin Hannah Arendt hat Vergebung deshalb als schöpferisches Handeln beschrieben. „Verzeihen ist die einzige Reaktion, auf die man nicht gefasst sein kann, und die daher, wiewohl ein Reagieren, selber ein dem ursprünglichen Handeln ebenbürtiges Tun ist.“ Vergebung ist das einzige Heilmittel gegen die Unwiderrufbarkeit des Vergangenen. Sie kann beide von den zerstörerischen Folgen des Egoismus befreien, sowohl denjenigen, der verzeiht, wie auch den, dem verziehen wird. Könnten wir einander nicht vergeben, würden uns die Folgen unseres eigensüchtigen Handelns bis an unser Lebensende verfolgen.

Dennoch führt die geläufige Wortkombination „Vergeben und vergessen“ in die Irre. „Das ist bezahlt, weggefegt, vergessen, die Vergangenheit ist mir ganz egal“, singt die Piaf. Verzeihen löscht die Vergangenheit nicht aus, sondern signalisiert: Trotz allem, was passiert ist, trage ich dir nichts nach. Wer vergibt, gibt dem anderen Freiheit wieder.

Vergebung befreit, und Vergebung verpflichtet. „Geh hin und sündige nicht mehr“, trägt Jesus der Ehebrecherin auf. In Sack und Asche gehen muss sie keineswegs. Die Richtung entscheidet über die Umkehr, nicht die Kleidung.

Vergebung ist etwas spezifisch Menschliches, aus der Möglichkeit, Vergeben zu können, bezieht die Moral ihre Grundenergie. Das Gewissen ist ein unersetzbarer Ratgeber, aber es bietet keinen Rundum-Schutz gegen Fehlentscheidungen: Es kann irren, die innere Stimme kann in die Sackgasse führen, unter Berufung auf ein falsch verstandenes Gewissen können wir uns in Ideologien verrennen. Selbst wer Gedanken, Worte und Werke sorgfältig abwägt, wer Augustinus, Kant und alle Enzykliken gelesen hat, wird Fehler machen. Allein deshalb, weil er ein Mensch ist.

Moral heißt auch, auf Vergebung hoffen zu dürfen. Wenn es mir nicht immer gelungen ist, das Gute zu tun und das Böse zu unterlassen, bedarf ich der Güte des anderen. Das könnte eine unendlich hilfreiche Inspiration sein, doch diese tröstliche Seite der Moral wird selten bedacht. Das Wort „Moral“ weckt bei vielen Menschen Aversionen, weil sie fürchten: Am Ende stehst du als Verurteilter da. Du hast keine Chance auf Freispruch.

An dieser einseitigen Sicht auf die Moral ist die christliche Verkündigung nicht unschuldig. Bis in die ersten Jahrzehnte des 20. Jahrhunderts hinein dominierte mancherorts in Predigten der strenge Buchhaltergott, der alles aufschreibt, nichts durchstreicht, keine neue Seite aufschlägt. Der Sünder bittet, zitternd vor Angst, um die unwahrscheinliche Vergebung: „Hier liegt vor deiner Majestät/Im Staub die Christenschar,/Das Herz zu Dir, o Gott, erhöht,/Die Augen zum Altar./Schenk uns, o Vater, deine Huld;/Vergib uns unsre Sündenschuld!/O Gott, von deinem Angesicht/Verstoß uns arme Sünder nicht;/Verstoß uns nicht; Verstoß uns Sünder nicht“, flehte die Gemeinde in einem alten Kirchenlied. Während die einen demütig die schlechten Aussichten ertrugen, staute sich in anderen Wut gegen die Drohpastoral auf. Der Psychoanalytiker Tilman Moser zürnte: „Gebote Gottes, ihr habt mein Herz vergiftet."

In der zweiten Hälfte des vergangenen Jahrhunderts wurde der drohende, zornige und strafende Gott, wie der Religionssoziologe Michael Ebertz formuliert, „zivilisiert" – bisweilen so weit, dass er zu allem ja und amen sagt. Doch wer stets „Du darfst" sagt, wird irgendwann nicht mehr gefragt. Der liebe Gott hat ebenso wie der rächende Himmelsherrscher für die meisten seine Bedeutung als Quelle der Moral im Alltag verloren. Er darf gelegentlich ein Stoßgebet empfangen, aber schon den Seufzer „Gott sei Dank!" sollte er nicht mehr allzu persönlich nehmen.

Der humanistische Psychologe Erich Fromm gibt in seinem vielgelesenen Buch „Die Kunst des Liebens" am Ende – für manchen Leser sicherlich überraschend – einen Bericht zur Lage der Gottesliebe in unserer Zeit. Darin analysiert er, was die Banalisierung Gottes, seine Mutation zu einem höheren Wesen, das nur noch lieb sein darf, für die praktische Lebensführung der Gläubigen bedeutet. In religiös geprägten Kulturen hatten die Menschen nicht nur Angst vor drohender Strafe. Ihre Furcht war vielmehr die Rückseite eines kindlichen Vertrauens, durch das sie zu Gott aufsahen, wie zu einem helfenden Vater oder einer tröstenden Mutter. Gläubige Menschen nehmen Gott ernst, sie vertrauen nicht auf eine billige Gnade, die umsonst zu haben ist. Sie versuchen nach Gottes Grundsätzen zu leben, seine Gebote zu beachten, ihn in den anderen Menschen zu lieben. Fromm vergleicht die Menschen vergangener, echt religiös geprägter Kulturen deshalb mit Kindern von acht Jahren, die auf einen göttlichen Vater als allmächtigen Retter hoffen, aber sich darum bemühen, ihr Leben nach den Lehren und Weisungen dieses Vaters zu gestalten. Und er fügt hinzu: „Der zeitgenössische Mensch ähnelt jedoch einem Kind von drei Jahren, das nach dem Vater ruft, wenn es ihn braucht, und sonst zufrieden ist, wenn es spielen kann." Eine wenig schmeichelhafte Diagnose aus der Feder eines unverdächtigen Beobachters!

Zwischen einer rigiden Gehorsamsmoral und einer permissiven Grundeinstellung zum Leben nach dem Motto „Anything goes" wollte dieses Buch einen dritten Weg aufzeigen: den Weg des eigenverantwortlichen, an moralischen Prinzipien geschärften Gewissens. Eine Moral, die ausschließlich richtet und zurichtet, ist keine Hilfe zum Leben. Ein Gewissen, das sich selbst von allen moralischen Forderungen dispensiert und nur von anderen etwas verlangt, ist keine unparteiische Richtschnur. Das wahrhaft autonome Gewissen dagegen ist eine Instanz der Selbstverpflichtung, die auch die Perspektive der anderen in das eigene Urteil einbezieht. Oft weiß ich im Grunde, was ich zu tun hätte; die Frage ist nur, ob ich die Kraft finde, das als richtig Erkannte zu tun und das zu unterlassen, was mir nicht zusteht. In anderen Fällen liegen die Dinge komplizierter. Die Antwort fällt nicht immer leicht, wenn ich im Gewissen gefragt bin: Darf ich, darf ich nicht? Soll ich, soll ich nicht? In solchen Fällen schützt auch das Gewissen vor Fehlentscheidungen nicht. Dennoch bleibt es die einzige Richtschnur, an die ich mich halten kann.

Eine Ermutigung zum rechten Gebrauch des Gewissens muss deshalb am Ende an die tröstliche Einsicht erinnern: Ich werde in meinen Entscheidungen und in meinem Handeln Fehler machen. Ich kann sie eingestehen und bereuen, weil ich auf die Vergebung der anderen hoffen darf, auf die ich gleichwohl keinen Anspruch besitze. Hilfreich, aufrichtend und ermunternd wird eine Morallehre nicht dadurch, dass sie keine oder nur leicht zu erfüllende Forderungen an das Gewissen stellt. Sie erweist sich als freundlicher, uns wohlgesonnener Ratgeber, weil sie uns auch dort weiterhilft, wo wir wider besseres Wissen oder in rechtem Glauben falsch gehandelt haben. Ihr letztes Wort heißt nicht:

Du bist selber schuld, wenn du am Ende bist; jetzt kann dir niemand mehr helfen! Das letzte Wort der Moral, das wie ein Vorzeichen außerhalb der Klammer vor allen ihren Urteilen steht, lautet vielmehr: Richtet nicht, damit auch ihr nicht gerichtet werdet!

Zwischen unvollkommenen, fehlbaren Menschen, die wir alle sind, setzt ein erträgliches Miteinander die ständige Bereitschaft voraus, um Vergebung zu bitten und einander zu vergeben. Zwischen Ehepartnern und Freunden, zwischen Kindern und ihren Eltern, aber auch zwischen Arbeitskollegen bedarf es einer Kultur des Vergebens, damit unsere Beziehungen nicht in einem täglichen Kleinkrieg enden. Wenn die Eskalationsspirale nach oben offen ist, entgleiten uns auch anfangs harmlos erscheinende Konflikte. Die Folgen liebloser Worte, beiläufiger Verletzungen und absichtlicher Bosheiten verselbständigen sich, bis wir sie nicht mehr beherrschen können. Gegenüber dieser zerstörerischen Eigendynamik des Bösen hilft nur eines: Eigene Fehler nicht mit den Fehlern der anderen verrechnen, sondern sie eingestehen und aufrichtig bereuen. Deshalb lautet die vorletzte Bitte des Vater-Unser: Vergib uns unsere Schuld, wie auch wir vergeben unseren Schuldnern.

Eine menschengerechte Moral weiß um die Schwächen der Menschen, sie kennt ihre Fehler und Unzulänglichkeiten ebenso wie ihre Neigung zum Bösen. Weder verurteilt sie vorschnell, noch entschuldigt sie alles. Stattdessen zeigt sie den Weg zu dem, was das Schwierigste ist: die Kunst gegenseitigen Vergebens. Gerade so nimmt sie die Menschen ernst. Ihre wichtigste Testfrage an ein waches Gewissen lautet: Willst du nur Recht behalten oder kannst du die Logik des Aufrechnens durchbrechen und vergeben, den ersten Schritt tun, auch wenn du nicht weißt, wie der andere reagieren wird?

Die häufigste Aufforderung Jesu an seine Jünger, die bereits vor ihm die Propheten Israels unzählige Male aussprachen, lautet: „Fürchte dich nicht!" Zählt man alle biblischen Einzelzeugnisse zusammen, kommt man auf die Zahl von 365 Fundstellen – eine praktische Gebrauchsanweisung für jeden Tag des Jahres. Hinter dieser Aufforderung Jesu und aller Propheten steht eine Einsicht, die wichtiger und dringlicher als alles andere ist, was die Moral sonst noch lehren kann: Während die Angst, ausgenutzt zu werden, blockiert, ist Vergebung – und der Mut, sie zu erbitten – der erste Schritt in eine bessere Zukunft, in der die drückende Last der Vergangenheit überwunden ist. Wer nichts bereut, hat nicht gelebt. Wer nicht vergibt, hat keine Zukunft.